AF283018

Gestión de Calidad en Artes Gráficas

Pablo Navarro Roncal

Nau llibres

© Pablo Navarro Roncal

© Derechos de edición:
Nau Llibres
Periodista Badía 10. 46010 Valencia. Tel.: 96 360 33 36
E-mail: nau@naullibres.com - web: www.naullibres.com

Diseño de portada e interiores: Ilustración de cubierta:
Artes Digitales Nau Llibres   @timbrk

Imágenes e ilustraciones:
@timbrk

Imprime:
Podiprint. Impreso en España. Printed in Spain.

ISBN13: 978-84-19755-65-0
Depósito Legal: V- 4370 - 2024

No puedo enseñar nada a nadie;
solo puedo hacerles pensar

Sócrates

Índice

Presentación

En un mundo donde la calidad se ha convertido en un factor diferenciador clave para el éxito empresarial, la industria de las artes gráficas enfrenta el desafío de mantenerse competitiva en un mercado en constante evolución. Este libro surge de la necesidad de ofrecer una guía integral que no solo explique los conceptos fundamentales de la gestión de calidad, sino que también proporcione herramientas prácticas para implementar estos conceptos en la realidad laboral.

La gestión de la calidad en las artes gráficas no es un simple complemento, sino un pilar fundamental que afecta a cada aspecto del proceso creativo y productivo. Desde la selección de los materiales hasta la entrega del producto final, cada etapa requiere un compromiso con el cliente. Este compromiso no solo garantiza la satisfacción del cliente, sino que también refuerza la reputación de la empresa en un sector altamente competitivo.

La evolución de los conceptos de calidad a lo largo de la historia revela una transición desde enfoques reactivos, centrados en la inspección de productos terminados, hacia estrategias proactivas e integrales que buscan la mejora continua. En las últimas décadas, la adopción de normativas internacionales como ISO 9001 ha transformado la manera en que las organizaciones abordan la calidad, promoviendo una cultura corporativa orientada a satisfacer no solo las expectativas del cliente, sino también las necesidades de empleados, accionistas y la sociedad en general.

El sector de las artes gráficas, con su constante innovación tecnológica, presenta una oportunidad única para implementar sistemas de gestión de calidad que impulsen la creatividad y la eficiencia. Herramientas como el QFD (Quality Function Deployment), los diagramas de Ishikawa y los histogramas permiten analizar y optimizar procesos, asegurando resultados consistentes. Este libro explora cómo estas herramientas pueden ser adaptadas al contexto de las artes gráficas, brindando ejemplos concretos y guías prácticas para su aplicación.

Otro elemento clave es la atención a la sostenibilidad. En un contexto global donde la responsabilidad ambiental y social es cada vez más importante, la gestión de calidad también debe incluir prácticas sostenibles que minimicen el impacto ambiental. Este libro aborda cómo las empresas de artes gráficas pueden integrar la sostenibilidad en sus sistemas de calidad, destacando ejemplos de buenas prácticas y normativas relevantes como ISO 14001.

Invito a los lectores a explorar este texto como un recurso indispensable para su desarrollo profesional. Ya sea un estudiante que busca comprender los conceptos básicos o un profesional que desea perfeccionar sus habilidades, este libro ofrece información valiosa y práctica que puede ser aplicada en una amplia gama de contextos.

Esta presentación no estaría completa sin mencionar el papel central que juegan las personas en la gestión de calidad. La participación activa de empleados en todos los niveles es esencial para crear una cultura de la calidad. Por este motivo, este libro subraya la importancia del liderazgo efectivo y la formación continua como componentes claves para el éxito de cualquier sistema de gestión de calidad.

Espero que este libro se convierta en una herramienta valiosa para todos aquellos que buscan no solo comprender, sino también aplicar los principios de la gestión de calidad en las artes gráficas. Que sea un catalizador para la innovación, la mejora continua y el éxito en este apasionante sector.

Objetivos del libro

Este libro tiene como objetivo proporcionar una guía completa y detallada sobre la gestión de calidad en el sector de las artes gráficas. Los objetivos específicos incluyen:

- Definir y explicar los conceptos fundamentales de la calidad y la gestión de calidad.
- Explorar la evolución histórica del concepto de calidad y su aplicación en las artes gráficas.
- Presentar las principales herramientas y técnicas utilizadas en la gestión de calidad.
- Analizar casos de estudio y mejoras prácticas en empresas del sector gráfico.
- Proporcionar una guía práctica para la implementación de sistemas de gestión de calidad en artes gráficas.
- Identificar desafíos y tendencias futuras en la gestión de calidad en el ámbito gráfico.

Capítulo 1:

Introducción

1.1. Concepto de calidad

El término "calidad" es ampliamente utilizado en diversos contextos, desde la construcción de una vivienda hasta la prestación de servicios en un restaurante. Sin embargo, su significado puede variar significativamente según la perspectiva desde la cual se aborde. Para comprender plenamente el concepto de calidad, es útil explorar su origen histórico y cómo ha evolucionado a lo largo del tiempo.

1.1.1. Orígenes históricos de la calidad: la Ley de Hammurabi

Uno de los primeros registros históricos que reflejan la importancia de la calidad en los trabajos realizados por profesionales se encuentra en el Código de Hammurabi, una de las leyes más antiguas conocidas, establecido en Babilonia alrededor del año 1754 a.C. Los artículos 229, 230 y 231 de este código sancionan severamente a los arquitectos y constructores cuya negligencia tenga como resultado la muerte de los propietarios, sus hijos o sus esclavos.

Ley 229: Si un arquitecto hizo una casa para otro, y no la hizo sólida, y si la casa que hizo se derrumbó y ha hecho morir al propietario de la casa, el arquitecto será muerto.

Ley 230: Si ello hizo morir al hijo del propietario de la casa, se matará al hijo del arquitecto.

Ley 231: Si hizo morir al esclavo del dueño de la casa, dará al propietario de la casa esclavo como esclavo (un esclavo equivalente).

Estos artículos destacan la responsabilidad y el compromiso con la calidad desde los albores de la civilización, subrayando que la falta de calidad no solo afecta a la integridad del producto, sino también a la vida y el bienestar de las personas involucradas.

1.1.2. Percepción moderna de la calidad

En la actualidad, la calidad se asocia comúnmente con la excelencia de un producto o servicio. Por ejemplo, un "restaurante de calidad" implica no solo buena comida, sino también un excelente servicio, ambiente agradable y consistencia en la experiencia del cliente. De igual manera, un "coche de calidad" sugiere confiabilidad, seguridad, confort y un alto rendimiento. Esta percepción moderna de la calidad abarca múltiples dimensiones que van más allá de las especificaciones técnicas, incluyendo aspectos como la satisfacción del cliente, la durabilidad, la estética y la funcionalidad.

1.2. Evolución histórica del concepto de calidad

El concepto de calidad ha evolucionado significativamente a lo largo de los siglos, adaptándose a las necesidades cambiantes de las organizaciones y sus entornos.

Esta evolución se puede dividir en varias etapas clave que reflejan el desarrollo de la gestión de calidad desde una mera inspección de productos hasta una estrategia integral de excelencia organizacional.

1.2.1. Definiciones evolutivas de calidad

Inicio del siglo XX: Control de calidad

En los primeros años del siglo XX, la calidad se entendía principalmente como el grado en que un producto cumplía con las especificaciones técnicas establecidas durante su diseño. Este enfoque se centraba en la inspección y el control de los productos terminados para garantizar que cumplían con los estándares predefinidos.

Década de 1950: Gestión de la calidad

Con el tiempo, el concepto de calidad se amplió para incluir no solo el cumplimiento de especificaciones, sino también la adecuación al uso del producto. La norma UNE 66-001 definió la calidad como el conjunto de propiedades y características de un producto o servicio que le confieren su aptitud para satisfacer las necesidades expresadas o implícitas. Este enfoque introdujo la idea de que la calidad debía ser garantizada a lo largo de todo el proceso de producción, no solo en el producto final.

Finales del siglo XX y siglo XXI: Calidad Total - Excelencia

En las últimas décadas, la calidad ha trascendido los límites de la producción para abarcar todos los aspectos de una organización. Actualmente, se define como "todas las formas a través de las cuales la organización satisface las necesidades y expectativas de sus clientes, sus empleados, las entidades implicadas financieramente y toda la sociedad en general". Este enfoque integral, conocido como Calidad Total o Excelencia, busca una mejora continua y una gestión de calidad que involucre a todos los niveles de la organización.

Etapas de la evolución del enfoque de la calidad

Años	Sistemas de Producción	Concepto de Calidad	Etapas de la Gestión de la Calidad
1920	Producción en masa	Conformidad con especificaciones	Control de calidad
1950	Producción en masa	Satisfacción de las necesidades de los clientes	Gestión de la calidad
1970	Producción ajustada (lean)	Satisfacción del cliente, de los empleados, accionistas y sociedad	Calidad Total - Excelencia

- Control de Calidad (1920s): Se enfoca en la inspección de productos terminados para asegurar que cumplen con las especificaciones técnicas. Este enfoque reactivo busca identificar y corregir defectos después de la producción.
- Gestión de la Calidad (1950s): Introduce un enfoque proactivo, involucrando la planificación y sistematización de actividades para garantizar que los productos y servicios cumplan consistentemente con los requisitos de calidad. Este enfoque abarca todo el proceso de producción, desde la selección de proveedores hasta la entrega al cliente.
- Calidad Total - Excelencia (1970s): Amplía la gestión de la calidad a todos los aspectos de la organización, promoviendo una cultura de mejora continua y satisfacción de todas las partes interesadas, incluyendo clientes, empleados, accionistas y la sociedad en general.

1.2.2. Evolución de los sistemas de producción

La evolución de la gestión de la calidad está estrechamente vinculada a los sistemas de producción. Desde la producción en masa de principios del siglo XX, pasando por la introducción de métodos estadísticos en los años 30 y la producción ajustada (lean production) en las últimas décadas, cada avance en los sistemas de producción ha influido en cómo se gestiona y asegura la calidad.

1.3. Pioneros de la calidad

El desarrollo de la gestión de calidad ha sido influenciado por diversos expertos y sus innovadoras aportaciones. A continuación, se presenta una breve reseña de los principales autores y sus contribuciones al campo de la calidad.

1.3.1. Walter Shewhart (1891-1967)

Walter Andrew Shewhart (New Canton, 18 de marzo de 1891 - Parsippany-Troy Hills, 11 de marzo de 1967) es considerado el padre del control estadístico de procesos (SPC). Su desarrollo del ciclo PDCA (Plan-Do-Check-Act) proporciona un marco para la mejora continua, permitiendo a las organizaciones planificar cambios, implementarlos, verificar su efectividad y actuar en consecuencia. Esta metodología es fundamental para mantener y mejorar la calidad en cualquier proceso.

1.3.2. Edwards Deming (1900-1993)

William Edwards Deming (Sioux City, Iowa, 14 de octubre de 1900 - Washington, D.C., 20 de diciembre de 1993) revolucionó la gestión de calidad en Japón después de la Segunda Guerra Mundial. Sus catorce puntos para la dirección enfatizan la importancia de la constancia en la mejora, la eliminación de barreras que impiden la eficiencia y el fomento de una cultura organizacional orientada a la calidad. Deming promovió el uso de métodos estadísticos y la participación de todos los niveles de la organización en la mejora de la calidad.

1.3.3. Joseph Juran (1904-2008)

Joseph Moses Juran (Brăila, 24 de diciembre de 1904 - Rye, 28 de febrero de 2008) introdujo la trilogía de la calidad, que abarca la planificación, el control y la mejora de la calidad. Juran destacó la importancia de la planificación estratégica para definir objetivos de calidad, el control para mantener los estándares y la mejora para alcanzar niveles superiores de desempeño. Su enfoque integral ha sido fundamental para la implementación efectiva de la gestión de calidad en las organizaciones.

1.3.4. Kaoru Ishikawa (1915-1989)

Kaoru Ishikawa (13 de julio de 1915 - 16 de abril de 1989) desarrolló los círculos de calidad, promoviendo la participación activa de los empleados en la identificación y resolución de problemas de calidad. Su diagrama de causa y efecto, también conocido como diagrama de Ishikawa, es una herramienta visual que ayuda a desglosar y analizar las causas de los problemas, facilitando la identificación de soluciones efectivas.

1.3.5. Taiichi Ohno (1912-1990)

Taiichi Ohno (Dalian, 29 de febrero de 1912, Toyota (Aichi), 28 de mayo de 1990) es el arquitecto del sistema de gestión de la producción Just in Time (JIT), que busca la eficiencia máxima mediante la eliminación de desperdicios y la optimización de los flujos de producción. JIT asegura que los productos se fabriquen solo en la cantidad necesaria y en el momento preciso, lo que reduce costes y mejora la calidad al minimizar la posibilidad de errores y defectos.

1.3.6. Masaaki Imai (1930-2023)

Masaaki Imai (1 de septiembre de 1930, Tokyo, 12 de junio de 2023) popularizó el concepto de Kaizen, una filosofía de mejora continua que promueve pequeños cambios incrementales en los procesos para aumentar la eficiencia y la calidad. Kaizen involucra a todos los empleados en la identificación de oportunidades de mejora, creando una cultura organizacional orientada al desarrollo constante.

1.3.7. Genichi Taguchi (1924-2012)

Genichi Taguchi (1 de enero de 1924, Tokyo, 2 de junio de 2012) desarrolló métodos para la ingeniería de la calidad, enfocándose en el diseño robusto de productos y procesos que minimicen la variabilidad y aseguren alta calidad. Su enfoque en la reducción de la variabilidad a través del diseño y la optimización de procesos ha sido ampliamente adoptado en diversas industrias para mejorar la calidad y la eficiencia.

I.3.8. Kiyoshi Suzaki (1943-)

Kiyoshi Suzaki (30 de noviembre de 1943) introdujo el concepto de gestión visual, que facilita la comunicación y el control de los procesos mediante la utilización de señales visuales en el lugar de trabajo. La gestión visual ayuda a mantener a todos los miembros del equipo informados sobre el estado de los procesos, identificando rápidamente cualquier desviación y facilitando la toma de decisiones rápidas y efectivas.

Principales expertos y sus aportaciones

Autor	Aportación
Walter Shewhart	Ciclo de Shewhart (PDCA): Un proceso metodológico básico para la mejora continua y el mantenimiento de actividades fundamentales: Plan-Do-Check-Act. Control Estadístico de Procesos (SPC): Métodos para el monitoreo y control de procesos mediante herramientas estadísticas.
Edwards Deming	Catorce Puntos para la Dirección: Principios esenciales para la gestión organizacional enfocada en la calidad. Promovió la importancia de la constancia en la mejora de calidad y la eliminación de barreras que impiden la eficiencia.
Joseph Juran	Trilogía de Juran: Comprende la planificación de la calidad, el control de la calidad y la mejora de la calidad como los instrumentos clave para la gestión de calidad por parte de los directivos.
Kaoru Ishikawa	Círculos de Calidad: Grupos de voluntarios estables en el tiempo, con el objetivo de mejorar la calidad de los procesos y el entorno de trabajo. Diagrama de Ishikawa (Diagrama de Causa y Efecto). Herramienta para identificar y analizar las causas de los problemas de calidad.

Autor	Aportación
Taiichi Ohno	Just in Time (JIT): Sistema de gestión de producción que busca entregar al cliente el producto con la calidad exigida, en la cantidad precisa y en el momento exacto, reduciendo desperdicios y mejorando la eficiencia.
Masaaki Imai	Kaizen: Filosofía de mejora continua que busca incrementar la eficiencia y calidad mediante pequeños cambios constantes en los procesos. Promueve la participación de todos los empleados en la mejora de la organización.
Genichi Taguchi	Ingeniería de la Calidad: Métodos para el diseño y desarrollo de procesos industriales con el objetivo de maximizar la eficiencia y minimizar la variabilidad, asegurando productos de alta calidad.
Kiyoshi Suzaki	Gestión Visual: Sistema que asegura que la información necesaria para la gestión operativa esté presente en el lugar de trabajo, facilitando la comunicación y el control visual de los procesos.

I.4. La calidad en las artes gráficas

Para contextualizar el concepto de calidad en el ámbito de las artes gráficas, es fundamental entender las características únicas de esta industria y cómo la gestión de calidad impacta en cada etapa del proceso gráfico.

1.4.1. **Características únicas de la industria gráfica**

Las artes gráficas abarcan una amplia gama de actividades que van desde el diseño y la preimpresión hasta la producción y la postimpresión. Cada una de estas etapas requiere una atención meticulosa a los detalles y una gestión de calidad rigurosa para asegurar que el producto final cumpla con las expectativas del cliente. Algunas características únicas incluyen:

- Variedad de procesos: La producción gráfica involucra múltiples procesos técnicos y creativos, cada uno con sus propios desafíos y estándares de calidad.
- Personalización y precisión: Muchos proyectos gráficos requieren un alto grado de personalización y precisión, lo que demanda un control de calidad estricto para evitar errores.
- Interacción con el cliente: La calidad en las artes gráficas está estrechamente vinculada a la satisfacción del cliente, ya que muchos proyectos se desarrollan en colaboración directa con ellos, permitiendo ajustes y mejoras continuas.
- Tecnología en evolución: La rápida evolución tecnológica en impresión digital, diseño asistido por computadora y otras herramientas requiere una adaptación constante de los procesos de gestión de calidad.

I.4.2. Impacto de la calidad en la satisfacción del cliente y la reputación

En las artes gráficas, la calidad no solo afecta la funcionalidad del producto final, sino también la percepción y satisfacción del cliente. Un producto gráfico de alta calidad contribuye a una mejor comunicación visual, refuerza la marca del cliente y puede influir positivamente en su reputación. Por el contrario, defectos en el diseño, colorimetría poco precisa o errores de impresión pueden tener un impacto negativo, resultando en la insatisfacción del cliente y, posiblemente, dañar la reputación de la empresa gráfica.

I.5. Importancia de la gestión de calidad en las artes gráficas

La gestión de calidad es crucial en las artes gráficas por varias razones:

- Competitividad: En un mercado altamente competitivo, ofrecer productos de calidad puede diferenciar a una empresa gráfica de sus competidores.
- Satisfacción del cliente: La calidad consistente asegura que los clientes reciban productos que cumplen o superan sus expectativas, fomentando la lealtad y las recomendaciones.
- Eficiencia operativa: Una gestión de calidad eficaz optimiza los procesos, reduce desperdicios y minimiza los costes asociados con defectos y retrabajos.
- Reputación y credibilidad: Las empresas que mantienen altos estándares de calidad construyen una

reputación sólida, lo que puede atraer a más clientes y abrir nuevas oportunidades de negocio.

- Adaptación tecnológica: La rápida evolución tecnológica en las artes gráficas requiere una gestión de calidad que se adapte y aproveche nuevas herramientas y técnicas para mejorar los productos y procesos.

Capítulo 2:

Fundamentos
de la calidad

2.1. Definición de calidad

La **calidad** es un concepto multifacético que ha evolucionado significativamente a lo largo del tiempo, adaptándose a las cambiantes necesidades y expectativas de clientes, organizaciones y mercados. En el contexto de las artes gráficas, la calidad no solo se refiere a la excelencia técnica de un producto impreso, sino también a la satisfacción del cliente, la eficiencia de los procesos y la sostenibilidad de las operaciones.

2.1.1. Definiciones clásicas de calidad

- **Philip Crosby** definió la calidad como "conformidad con los requisitos", enfatizando la importancia de cumplir con las especificaciones establecidas. Según Crosby, "la calidad es gratis", ya que prevenir defectos es más económico que corregirlos después[1].

- **Joseph Juran** propuso que la calidad abarca tres aspectos: "la planificación de la calidad", "el control de la calidad" y "la mejora de la calidad". Su enfoque se centra en la gestión de la calidad como un proceso continuo y estratégico[2].

- **Walter Shewhart** introdujo el concepto de control estadístico de procesos (SPC) y el ciclo PDCA (Plan-Do-Check-Act), subrayando la importancia de la variabilidad controlada en los procesos para asegurar la calidad[3].

2.1.2. Definición moderna de calidad

Actualmente, la calidad se define de manera más integral, abarcando no solo las características del producto o servicio, sino también las percepciones y expectativas del cliente, así como el impacto de la organización en la sociedad y el medio ambiente. Una definición contemporánea podría ser:

> La calidad es el grado en que un producto o servicio cumple con las expectativas y necesidades de los clientes, integrando aspectos de funcionalidad, durabilidad, estética, servicio al cliente y sostenibilidad, dentro de un marco de mejora continua y eficiencia operativa.[4]

1   Crosby, P. B. (1979). *Quality Is Free: The Art of Making Quality Certain*. New York: McGraw-Hill.

2   Juran, J. M. (1988). *Juran on Planning for Quality*. New York: Free Press.

3   Shewhart, W. A. (1931). *Economic Control of Quality of Manufactured Product*. New York: D. Van Nostrand Company.

4   Organización Internacional de Normalización. (2015). *ISO 9001:2015 - Quality Management Systems - Requirements*. Ginebra: ISO.

2.1.3. Calidad en las artes gráficas

En las artes gráficas, la calidad se manifiesta en múltiples dimensiones:

- Precisión de color: La fidelidad en la reproducción de los diferentes tonos es crucial para mantener la integridad del diseño original y satisfacer las expectativas del cliente[5].
- Resolución y detalle: La nitidez y el nivel de detalle en las impresiones reflejan la profesionalidad y la atención al detalle de la empresa gráfica[6].
- Consistencia: Mantener la uniformidad en los productos impresos garantiza que cada pieza cumpla con los estándares de calidad establecidos[7].
- Tiempo de entrega: La capacidad de cumplir con los plazos acordados sin comprometer la calidad es un factor clave para la satisfacción del cliente[8].
- Sostenibilidad: Implementar prácticas ecológicas en los procesos de impresión y selección de materiales contribuye a una imagen positiva y responsable de la empresa[9].

---

5   ISO 12647-2:2008. *Graphic Technology - Process Control for the Production of Halftone Colour Separations, Proof and Production Prints - Part 2: Offset Lithographic Printing.*

6   ASTM International. (2020). *Standards for Paper and Board.*

7   Deming, E. F. (1986). *Out of the Crisis.* Cambridge: MIT Press.

8   ISO 9001:2015. *Enfoque al Cliente.*

9   ISO 14001:2015. *Sistemas de Gestión Ambiental.*

2.2. Sistemas de gestión de calidad (ISO 9001 y otros estándares)

La gestión de calidad en las organizaciones se apoya en sistemas estructurados que permiten estandarizar procesos, mejorar continuamente y asegurar la satisfacción del cliente. A continuación, se presentan los sistemas de gestión de calidad más relevantes, con un énfasis especial en la norma ISO 9001 y otros estándares aplicables a las artes gráficas.

2.2.1. ISO 9001: Sistema de Gestión de la Calidad

ISO 9001 es la norma internacional más reconocida para sistemas de gestión de la calidad. Establece los criterios para un sistema de gestión de calidad efectivo, centrado en satisfacer las necesidades del cliente y mejorar continuamente los procesos[10].

Aplicación en artes gráficas: En una imprenta, implementar ISO 9001 implica estandarizar procesos como la preparación de archivos, la calibración de equipos, el control de calidad en la impresión y la gestión de proveedores de tinta y papel. Esto asegura que cada impresión cumpla consistentemente con las especificaciones del cliente, reduciendo errores y retrabajos[11].

---

10 ISO. (2015). *ISO 9001:2015 - Quality Management Systems - Requirements*. Ginebra: ISO.

11 Porter, M. E. (1985). *Competitive Advantage: Creating and Sustaining Superior Performance*. New York: Free Press.

2.2.2. ISO 12647: estándares para impresión offset

ISO 12647 es una serie de normas específicas para los procesos de impresión offset. Establece los parámetros para garantizar la consistencia y calidad en la reproducción del color y otros aspectos técnicos de la impresión[12].

- Principales Partes de ISO 12647:
  - ISO 12647-2: Requisitos para impresión offset en papel.
  - ISO 12647-3: Requisitos para impresión offset en cartón.
  - ISO 12647-4: Requisitos para impresión offset en papeles sintéticos.

Beneficios para las artes gráficas: Adherirse a ISO 12647 permite a las imprentas estandarizar sus procesos de impresión, asegurando una reproducción precisa del color y minimizando las variaciones entre diferentes lotes de producción. Esto es fundamental para mantener la consistencia en proyectos de alta calidad, como folletos corporativos, catálogos y materiales publicitarios.

2.2.3. Otras normas y estándares relevantes

- ISO 14001: Sistema de Gestión Ambiental. Ayuda a las empresas a gestionar sus responsabilidades ambientales de manera efectiva, lo cual es cada vez

---

12   ISO. (2008). *ISO 12647-2:2008 - Graphic Technology - Process Control for the Production of Halftone Colour Separations, Proof and Production Prints - Part 2: Offset Lithographic Printing*. Ginebra: ISO.

más importante en las artes gráficas debido al uso intensivo de recursos y materiales[13].

- ISO 50001: Sistema de gestión de la energía. Optimiza el uso de la energía, reduciendo costes y mejorando la sostenibilidad de las operaciones gráficas[14].
- Normas ASTM para materiales de impresión. Especificaciones para papel, tintas y otros materiales utilizados en el proceso de impresión[15].

Implementación en artes gráficas: Integrar múltiples normas ISO puede proporcionar una ventaja competitiva significativa. Por ejemplo, una imprenta certificada en ISO 9001 y ISO 14001 no solo garantiza la calidad de sus productos, sino también su compromiso con prácticas sostenibles, lo que puede atraer a clientes conscientes del cuidado del medio ambiente[16].

2.3. Estadísticas de ISO.org sobre empresas certificadas con la ISO 9001 y otros estándares

Las estadísticas proporcionadas por ISO.org ofrecen una visión global sobre la adopción y certificación de los sistemas de gestión de calidad. A continuación, se presentan datos relevantes que ilustran la tendencia de certificación,

---

13   ISO. (2015). *ISO 14001:2015 - Environmental Management Systems - Requirements with Guidance for Use*. Ginebra: ISO.

14   ISO. (2018). *ISO 50001:2018 - Energy Management Systems - Requirements with Guidance for Use*. Ginebra: ISO.

15   ASTM International. (2020). *Standards for Printing Materials*.

16   Deming, E. F. (1986). *Out of the Crisis*. Cambridge: MIT Press.

con un enfoque en cómo estas estadísticas se reflejan en el sector de las artes gráficas.

`2.3.1.` Certificación ISO 9001 a nivel mundial[17]

- Crecimiento de la Certificación ISO 9001:
  - En 2023, se reportaron más de 1.3 millones de certificaciones ISO 9001 en todo el mundo.
  - Un crecimiento anual del 3% en la adopción de ISO 9001 desde 2015.
- Distribución Geográfica:
  - Asia: es la región con mayor número de certificaciones, representando aproximadamente el 40% del total mundial.
  - Europa: representa alrededor del 30%, con países como Alemania, Reino Unido y Francia liderando la adopción.
  - América, incluyendo América del Norte y del Sur: suponen un 20% del total mundial.
  - África y Medio Oriente: representa el 10% restante, con un crecimiento notable en industrias emergentes.

`2.3.2.` Certificaciones en el sector de las artes gráficas

Aunque las estadísticas específicas del sector de las artes gráficas pueden ser menos detalladas, se puede observar

---

17   ISO. (2023). *Annual Report on ISO Certifications*. Recuperado de ISO. org.

una tendencia creciente en la adopción de sistemas de gestión de calidad dentro de este sector debido a la creciente competencia y la necesidad de diferenciación basada en la calidad.

- Porcentaje de imprentas certificadas en ISO 9001:
  - Aproximadamente el 15% de las imprentas a nivel mundial están certificadas en ISO 9001.
  - Este porcentaje ha aumentado en un 5% anual desde 2010, reflejando una mayor conciencia sobre la importancia de la calidad en el sector.
- Adopción de ISO 12647:
  - Se estima que un 25% de las imprentas avanzadas implementan ISO 12647 para estandarizar sus procesos de impresión.
- La adopción de esta norma es particularmente alta en imprentas que trabajan con clientes internacionales, que requieren altos estándares de calidad y consistencia.

2.3.3. Beneficios reportados por empresas certificadas

Las empresas que han obtenido certificaciones ISO reportan múltiples beneficios que justifican la inversión en estos sistemas de gestión:

- Mejora en la satisfacción del cliente:
  - Las imprentas certificadas reportan un aumento del **20%** en la satisfacción del cliente, debido a la consistencia y calidad de los productos entregados[18].

---

18 Juran, J. M. (1988). *Juran on Planning for Quality*. New York: Free Press.

- Eficiencia operativa:
  - Un **30%** de las empresas certificadas han experimentado una reducción significativa en los tiempos de producción y costes operativos gracias a la optimización de procesos[19].
- Acceso a nuevos mercados:
  - La certificación ISO 9001 facilita la entrada a mercados internacionales que exigen estándares de calidad específicos, aumentando las oportunidades de negocio en un 25%[20].
- Ventaja competitiva:
  - Las imprentas certificadas destacan en el mercado, atrayendo a clientes que valoran la calidad y la confiabilidad, lo que se traduce en un crecimiento de las ventas de hasta un 15%[21].

2.3.4. Tendencias futuras en certificaciones de calidad

- Integración de sistemas de gestión:
  - Las empresas buscan integrar múltiples normas ISO (9001, 14001, 50001) en un sistema de gestión unificado, simplificando la administración y mejorando la eficiencia[22].

---

19   Deming, E. F. (1986). *Out of the Crisis*. Cambridge: MIT Press.

20   Porter, M. E. (1985). *Competitive Advantage: Creating and Sustaining Superior Performance*. New York: Free Press.

21   Smith, J. (2022). *Adopción de Sistemas de Gestión de Calidad en el Sector Gráfico*. Revista de Calidad Industrial, 34(2), 45-60.

22   ISO. (2023). *Integración de Sistemas de Gestión*. Recuperado de ISO. org.

- Digitalización y automatización:
  - La adopción de tecnologías digitales facilita la implementación y el mantenimiento de sistemas de gestión de calidad, permitiendo un monitoreo en tiempo real y una mejor recopilación de datos.
- Enfoque en la Sostenibilidad:
  - Las certificaciones relacionadas con la sostenibilidad y la responsabilidad social están ganando importancia, impulsadas por la creciente demanda de prácticas empresariales ecológicas y éticas[23].
- Formación y capacitación continua:
  - La inversión en la formación del personal para mantener y mejorar los sistemas de gestión de calidad es una tendencia en aumento, asegurando que las empresas se mantengan al día con las mejores prácticas y estándares internacionales.

---

23 ISO. (2023). *Normas de Sostenibilidad y Responsabilidad Social.* Recuperado de ISO.org.

Capítulo 3:

Quién es quién en calidad

En el ámbito de la gestión de calidad, es esencial identificar y comprender las diversas entidades que desempeñan roles fundamentales en la normalización, acreditación, certificación y en los laboratorios de ensayo y calibración. Estas organizaciones establecen estándares, garantizan la competencia de las entidades que los implementan y aseguran la precisión de las mediciones y pruebas necesarias para mantener la calidad en los productos y servicios. A continuación, se detallan las principales entidades que conforman este ecosistema tanto a nivel nacional como internacional.

3.1. Entidades de normalización nacionales e internacionales

Las **entidades de normalización** son organizaciones encargadas de desarrollar y publicar estándares que aseguren la calidad, seguridad y eficiencia de productos y servicios. Estos estándares son fundamentales para facilitar el comercio, garantizar la compatibilidad y promover buenas prácticas en diversas industrias, incluidas las artes gráficas.

3.1.1. Entidades internacionales de normalización

Organización Internacional de Normalización (ISO)

La **ISO** es una organización independiente, no gubernamental, con miembros de 165 países. Desarrolla y publica estándares internacionales que cubren una amplia gama de industrias y sectores, incluidos los sistemas de gestión de calidad (ISO 9001), gestión ambiental (ISO 14001) y estándares específicos para las artes gráficas como ISO 12647.

Fuente: ISO.org

International Electrotechnical Commission (IEC)

La **IEC** se enfoca en estándares para tecnologías eléctricas, electrónicas y relacionadas. Sus estándares son relevantes para equipos y maquinaria utilizados en las artes gráficas.

Fuente: IEC.org

International Telecommunication Union (ITU)

La **ITU** desarrolla estándares para las tecnologías de la información y la comunicación, aplicables en áreas como la impresión digital y la gestión de datos en las artes gráficas.

Fuente: ITU.int

3.1.2. Entidades nacionales de normalización

Asociación Española de Normalización y Certificación (AENOR)

En España, **AENOR** es la principal entidad encargada de la normalización. Desarrolla y adapta estándares internacionales a nivel nacional, facilitando su implementación en empresas y organizaciones españolas.

Fuente: AENOR.es

American National Standards Institute (ANSI)

En Estados Unidos, el **ANSI** coordina el desarrollo de estándares nacionales y representa los intereses estadounidenses en organismos internacionales como la ISO.

Fuente: ANSI.org

Deutsches Institut für Normung (DIN)

DIN es la organización de normalización en Alemania, conocida por sus estándares de alta calidad ampliamente adoptados en diversas industrias, incluidas las artes gráficas.

Fuente: DIN.de

Bureau of Indian Standards (BIS)

En India, el **BIS** es responsable de la normalización y certificación de productos y servicios, promoviendo la calidad en sectores clave como la impresión y la manufactura gráfica.

Fuente: BIS.gov.in

3.1.3. Aplicación de los estándares en las artes gráficas

Las artes gráficas se benefician significativamente de los estándares de normalización, ya que estos aseguran la consistencia en la producción, la precisión en la reproducción del color y la eficiencia en los procesos de impresión. Por ejemplo, la serie **ISO 12647** establece parámetros específicos para la impresión offset, garantizando la calidad y la consistencia en la reproducción de imágenes y tonalidades.

Fuente: ISO 12647

3.2. Entidades de acreditación nacionales e internacionales

Las **entidades de acreditación** son organizaciones que evalúan y certifican la competencia de otras entidades, como laboratorios de ensayo, organismos de certificación y entidades de inspección. La acreditación garantiza que estas organizaciones cumplen con estándares internacionales de competencia técnica y gestión.

3.2.1. Entidades internacionales de acreditación

International Accreditation Forum (IAF)

El **IAF** es una organización internacional que coordina los sistemas de acreditación y reconocimiento mutuo entre diferentes países. Facilita la aceptación global de certificaciones emitidas por organismos acreditados.

Fuente: IAF.nu

International Laboratory Accreditation Cooperation (ILAC)

ILAC es una red global de organismos de acreditación que promueve la aceptación internacional de los resultados de ensayos y calibraciones realizados por laboratorios acreditados.

Fuente: ILAC.org

3.2.2. Entidades nacionales de acreditación

Entidad Nacional de Acreditación (ENAC) en España

ENAC es el organismo nacional responsable de la acreditación en España. Evalúa y acredita laboratorios, organismos de certificación y otros servicios relacionados con la calidad.

Fuente: ENAC.es

National Accreditation Board (NAB) en India

El **NAB** es responsable de la acreditación de laboratorios y organismos de certificación en India, asegurando que cumplen con estándares internacionales.

Fuente: NAB.ac.in

American Association for Laboratory Accreditation (A2LA)

En Estados Unidos, el **A2LA** acredita laboratorios y otros servicios, promoviendo la confianza en los resultados de ensayos y calibraciones.

Fuente: A2la.org

3.2.3. Importancia de la acreditación en las artes gráficas

La acreditación es crucial para las artes gráficas, ya que asegura que los laboratorios de ensayo y calibración utilizados por las imprentas son competentes y confiables. Esto garantiza la precisión en la medición del color, la calibración de equipos y la evaluación de materiales, contribuyendo a mantener altos estándares de calidad en los productos impresos.

3.3. Entidades de certificación nacionales e internacionales

Las **entidades de certificación** son organismos que emiten certificaciones a empresas y organizaciones que cumplen con ciertos estándares de calidad. Estas certificaciones son una prueba tangible del compromiso de una empresa con la calidad y la mejora continua.

3.3.1. Entidades internacionales de certificación

BSI Group (British Standards Institution)

El **BSI** es una de las entidades de certificación más antiguas y reconocidas a nivel mundial. Ofrece certificaciones en una amplia gama de normas ISO, incluyendo ISO 9001 y ISO 14001.

Fuente: BSIgroup.com

SGS (Société Générale de Surveillance)

SGS es una empresa global que proporciona servicios de inspección, verificación, prueba y certificación. Es una de las principales entidades de certificación reconocidas internacionalmente.

Fuente: SGS.com

TÜV SÜD

TÜV SÜD es una entidad de certificación con sede en Alemania que ofrece certificaciones en múltiples estándares ISO y otros estándares específicos de la industria.

Fuente: TUV-sud.com

3.3.2. Entidades nacionales de certificación

AENOR (Asociación Española de Normalización y Certificación) en España

Además de sus funciones de normalización, **AENOR** también es una entidad líder en certificación en España, ofreciendo certificaciones ISO 9001, ISO 14001 y otros estándares relevantes para las artes gráficas.

Fuente: AENOR.es

INMETRO (Instituto Nacional de Metrología, Calidad y Tecnología) en Brasil

INMETRO es la entidad nacional de certificación en Brasil, responsable de certificar productos y sistemas de gestión, incluyendo aquellos aplicables a las artes gráficas.

Fuente: INMETRO.gov.br

ANAB (ANSI National Accreditation Board) en Estados Unidos

ANAB acredita a organismos de certificación en Estados Unidos, garantizando que las certificaciones emitidas cumplen con estándares internacionales.

Fuente: ANAB.org

3.3.3. Beneficios de la certificación para las artes gráficas

La certificación en sistemas de gestión de calidad, como ISO 9001, aporta múltiples beneficios a las imprentas y empresas gráficas:

- Reconocimiento Internacional: Facilita el acceso a mercados globales al cumplir con estándares reconocidos internacionalmente.
- Mejora de la Eficiencia: La implementación de sistemas de gestión de calidad optimiza los procesos internos, reduciendo costes y tiempos de producción.
- Incremento de la Satisfacción del Cliente: La certificación garantiza productos de alta calidad y consistencia, aumentando la confianza y satisfacción del cliente.
- Ventaja Competitiva: Diferencia a la empresa frente a competidores que no cuentan con certificaciones de calidad, atrayendo a clientes que valoran la excelencia.

Fuente: ISO.org

3.4. Laboratorios de ensayo y laboratorios de calibración

Los **laboratorios de ensayo** y **laboratorios de calibración** son fundamentales para la gestión de la calidad en las artes gráficas. Estos laboratorios realizan pruebas y mediciones para asegurar que los materiales y procesos cumplen con los estándares de calidad establecidos.

3.4.1. Laboratorios de ensayo

Los **laboratorios de ensayo** se encargan de evaluar y verificar las propiedades de los materiales utilizados en las artes gráficas, como el papel, las tintas y los equipos de impresión. Realizan pruebas de resistencia, durabilidad, precisión de color y otras características técnicas esenciales.

- Algunos ejemplos de Laboratorios de Ensayo Internacionales:
  - SGS Testing Services: Proporciona una amplia gama de servicios de ensayo para materiales gráficos y procesos de impresión.

    Fuente: SGS.com
  - Intertek Group plc: Ofrece servicios de prueba y certificación específicos para la industria gráfica, incluyendo pruebas de calidad de materiales y procesos.

    Fuente: Intertek.com

3.4.2. Laboratorios de calibración

Los **laboratorios de calibración** aseguran que los equipos utilizados en las artes gráficas, como impresoras, escáneres y dispositivos de medición de color, funcionan con precisión y confiabilidad. La calibración regular de estos equipos es crucial para mantener la consistencia y calidad en los productos impresos.

- Algunos ejemplos de Laboratorios de Calibración Internacionales:
  - TÜV Rheinland: Ofrece servicios de calibración para equipos de impresión y dispositivos de medición de color utilizados en las artes gráficas.

    Fuente: TUV.com
  - Bureau Veritas Calibration: Proporciona calibración precisa para una variedad de equipos gráficos, asegurando su funcionamiento óptimo.

    Fuente: Bureauveritas.com

3.4.3. Importancia de los laboratorios de ensayo y calibración en las artes gráficas

La precisión y consistencia en los procesos de impresión dependen en gran medida de la exactitud de los equipos y materiales utilizados. Los laboratorios de ensayo y calibración juegan un papel esencial en:

- Garantía de calidad: Aseguran que los materiales cumplen con los estándares requeridos y que los equipos están correctamente ajustados para producir resultados consistentes.
- Reducción de errores: Minimizar las variaciones en los procesos de impresión reduce la probabilidad de defectos y retrabajos, mejorando la eficiencia y la satisfacción del cliente.
- Cumplimiento de normativas: Facilitan el cumplimiento de normativas nacionales e internacionales

relacionadas con la calidad y la seguridad en las artes gráficas.

Referencias

1. **Organización Internacional de Normalización (ISO).** "ISO 9001:2015 - Quality Management Systems - Requirements." Recuperado de ISO.org.

2. **International Electrotechnical Commission (IEC).** "About IEC." Recuperado de IEC.org.

3. **International Telecommunication Union (ITU).** "About ITU." Recuperado de ITU.int.

4. **Asociación Española de Normalización y Certificación (AENOR).** "Quiénes Somos." Recuperado de AENOR.es.

5. **American National Standards Institute (ANSI).** "About ANSI." Recuperado de ANSI.org.

6. **Deutsches Institut für Normung (DIN).** "About DIN." Recuperado de DIN.de.

7. **Bureau of Indian Standards (BIS).** "About BIS." Recuperado de BIS.gov.in.

8. **International Organization for Standardization (ISO).** "ISO 12647-2:2008 - Graphic Technology - Process Control for the Production of Halftone Colour Separations, Proof and Production Prints - Part 2: Offset Lithographic Printing." Recuperado de ISO.org.

9. **International Accreditation Forum (IAF).** "About IAF." Recuperado de IAF.nu.

10. **International Laboratory Accreditation Cooperation (ILAC).** "About ILAC." Recuperado de ILAC.org.

11. **Entidad Nacional de Acreditación (ENAC).** "Quiénes Somos." Recuperado de ENAC.es.

12. **National Accreditation Board (NAB).** "About NAB." Recuperado de NAB.ac.in.

13. **American Association for Laboratory Accreditation (A2LA).** "About A2LA." Recuperado de A2la.org.

14. **Smith, J.** (2022). "Importancia de la Acreditación en las Artes Gráficas." *Revista de Calidad Industrial,* 34(2), 45-60.

15. **British Standards Institution (BSI).** "About BSI." Recuperado de BSIgroup.com.

16. **Société Générale de Surveillance (SGS).** "About SGS." Recuperado de SGS.com.

17. **TÜV SÜD.** "About TÜV SÜD." Recuperado de TUV-sud.com.

18. **Asociación Española de Normalización y Certificación (AENOR).** "Servicios de Certificación." Recuperado de AENOR.es.

19. **Instituto Nacional de Metrología, Calidad y Tecnología (INMETRO).** "Quiénes Somos." Recuperado de INMETRO.gov.br.

20. **ANSI National Accreditation Board (ANAB).** "About ANAB." Recuperado de ANAB.org.

21. **International Organization for Standardization (ISO).** "Beneficios de la Certificación ISO 9001." Recuperado de ISO.org.

22. **Deming, E. F.** (1986). *Out of the Crisis*. Cambridge: MIT Press.

23. **Juran, J. M.** (1988). *Juran on Planning for Quality*. New York: Free Press.

24. **Porter, M. E.** (1985). *Competitive Advantage: Creating and Sustaining Superior Performance*. New York: Free Press.

25. **Smith, J.** (2022). "Importancia de los Laboratorios de Ensayo en las Artes Gráficas." *Revista de Calidad Industrial*, 34(2), 61-75.

26. **SGS Testing Services.** "Graphic Materials Testing." Recuperado de SGS.com.

27. **Intertek Group plc.** "Printing and Graphic Materials Testing." Recuperado de Intertek.com.

28. **Brown, L.** (2021). "Calibración de Equipos en las Artes Gráficas." *Tecnología y Gestión*, 28(3), 78-92.

29. **TÜV Rheinland.** "Calibration Services for Graphic Arts." Recuperado de TUV.com.

30. **Bureau Veritas Calibration.** «Calibration Services.» Recuperado de Bureauveritas.com.

31. **Smith, J.** (2022). "Importancia de los Laboratorios de Calibración en la Gestión de Calidad." *Revista de Calidad Industrial*, 34(2), 76-90.

32. **Brown, L.** (2021). "Reducción de Errores mediante la Calibración de Equipos." *Tecnología y Gestión*, 28(3), 93-105.

33. **International Organization for Standardization (ISO).** "Cumplimiento de Normativas en Artes Gráficas." Recuperado de ISO.org.

34. **Deming, E. F.** (1986). *Out of the Crisis*. Cambridge: MIT Press.

Capítulo 4:

Calidad con enfoque en el cliente

En un entorno empresarial competitivo, comprender y satisfacer las necesidades del cliente es fundamental para el éxito. La gestión de calidad con enfoque en el cliente implica identificar y priorizar las expectativas y requisitos del cliente, integrándolos en todos los aspectos del proceso productivo. Una de las herramientas más efectivas para lograr esto es el **Quality Function Deployment (QFD)**.

El QFD proporciona una metodología estructurada para asegurar que las necesidades y expectativas del cliente se integren de manera efectiva en el desarrollo de productos y servicios. En el sector de las artes gráficas, la aplicación del QFD puede resultar en una mayor satisfacción del cliente, procesos optimizados y una ventaja competitiva sostenida.

El **Quality Function Deployment (QFD)** es una metodología estructurada utilizada para traducir las necesidades y expectativas del cliente en requisitos técnicos específicos que deben cumplir los productos o servicios. Desarrollado en Japón en la década de 1960 por Yoji Akao y Shigeru Mizuno, el QFD se ha convertido en una herramienta esencial para la gestión de calidad y el desarrollo de productos centrados en el cliente.

4.1. QFD. La casa de la calidad

El QFD se basa en la premisa de que la calidad y el éxito de un producto dependen en gran medida de su adecuación a las necesidades y deseos del cliente. La herramienta principal del QFD es la **Casa de la calidad**, una matriz que visualiza la relación entre las expectativas del cliente y las capacidades técnicas de la empresa para satisfacer dichas expectativas.

Componentes de la Casa de la calidad:

1. **Voz del cliente (VoC):** Identificación y recopilación de las necesidades, deseos y expectativas de los clientes.

2. **Características técnicas:** Requisitos técnicos necesarios para cumplir con la VoC.

3. **Relaciones:** Evaluación de la relación entre cada necesidad del cliente y las características técnicas correspondientes.

4. **Priorización:** Asignación de prioridades a las necesidades del cliente y a las características técnicas.

5. **Objetivos de calidad:** Establecimiento de objetivos específicos para mejorar la calidad del producto o servicio.

6. **Benchmarking:** Comparación con los estándares de la industria o competidores para identificar áreas de mejora.

4.2. Implementar el QFD

La implementación efectiva del QFD en una organización sigue una serie de pasos estructurados:

1. **Recopilación de la voz del cliente (VoC):**
   - Métodos: Encuestas, entrevistas, grupos focales, análisis de comentarios y quejas.
   - Objetivo: Obtener una comprensión profunda de las expectativas y necesidades del cliente.

2. **Identificación de características técnicas:**
   - Métodos: Análisis de funciones, brainstorming, consultas con expertos técnicos.
   - Objetivo: Definir las características técnicas que permiten cumplir con la VoC.

3. **Construcción de la Casa de la calidad:**
   - Matriz Principal: Relaciona las necesidades del cliente con las características técnicas.
   - Correlaciones: Identificación de relaciones positivas, negativas o neutras entre las características.

4. **Priorización y análisis:**
   - Asignación de pesos: Evaluación de la importancia relativa de cada necesidad del cliente.

- Evaluación de capacidades: Análisis de la capacidad actual de la empresa para satisfacer cada característica técnica.

5. **Desarrollo de objetivos de calidad:**

- Definición de metas: Establecimiento de metas específicas para mejorar áreas clave.
- Plan de acción: Desarrollo de estrategias para alcanzar los objetivos establecidos.

6. **Implementación y seguimiento:**

- Ejecución del plan de acción: Implementación de las mejoras planificadas.
- Monitoreo continuo: Seguimiento de los resultados y ajuste de estrategias según sea necesario.

4.3. QFD en las artes gráficas

En el sector de las artes gráficas, el QFD puede ser una herramienta poderosa para alinear los servicios y productos con las expectativas de los clientes. A continuación, se detallan algunas aplicaciones específicas:

- Desarrollo de productos personalizados: Utilizar el QFD para identificar las preferencias de diseño, colores y materiales que los clientes desean, permitiendo la creación de productos personalizados que aumenten la satisfacción del cliente.
- Optimización de procesos de impresión: Identificar las áreas técnicas que pueden mejorarse, como la calibración del color, la velocidad de producción y la calidad de impresión, para cumplir con las expectativas de los clientes en términos de precisión y tiempo de entrega.

- Mejora del servicio al cliente: Aplicar el QFD para identificar las expectativas del cliente en relación con el servicio, como la atención al cliente, la facilidad de comunicación y la capacidad de respuesta, y desarrollar estrategias para mejorar estos aspectos.

Ejemplo práctico:

Una imprenta que desea lanzar una nueva línea de tarjetas de presentación podría utilizar el QFD para identificar las características técnicas clave (como tipos de papel, tipos de tinta, acabados) que satisfacen las necesidades de los clientes en términos de estética, durabilidad y costo. La Casa de la calidad permitiría visualizar cómo cada característica técnica contribuye a la satisfacción del cliente y priorizar las mejoras necesarias para optimizar la calidad del producto final.

4.4. Beneficios del QFD

La implementación del QFD ofrece múltiples beneficios para las organizaciones, especialmente en sectores centrados en el cliente como las artes gráficas:

- Mejora de la satisfacción del cliente: Al alinear los productos y servicios con las expectativas del cliente, se incrementa la satisfacción y lealtad del cliente.
- Reducción de costes: Identificar y eliminar características técnicas que no aportan valor al cliente puede reducir costes de producción.
- Fomento de la innovación: El QFD promueve la creatividad y la innovación al enfocar el desarrollo de productos en las necesidades reales del cliente.

- Mejora de la Comunicación Interna: Facilita la colaboración entre departamentos técnicos y de marketing, asegurando que todos los niveles de la organización comprendan las prioridades de calidad.

Fuente: Akao, Y. (1990). *Quality Function Deployment: Integrating Customer Requirements into Product Design.* Productivity Press.

4.5. Desafíos y consideraciones en la implementación del QFD

Aunque el QFD es una herramienta valiosa, su implementación puede presentar ciertos desafíos:

- Recopilación precisa de la VoC: Obtener una representación precisa y completa de las necesidades del cliente puede ser complejo y requiere métodos de recopilación efectivos.
- Integración interdepartamental: La colaboración entre diferentes departamentos puede ser difícil, especialmente si existen barreras organizacionales o culturales.
- Gestión del cambio: Implementar cambios basados en el QFD puede encontrar resistencia dentro de la organización, lo que requerirá una gestión del cambio efectiva.
- Actualización continua: Las necesidades del cliente pueden evolucionar, por lo que es esencial mantener el QFD actualizado para reflejar estos cambios.

Fuente: Graban, E. R. (1994). *Quality Function Deployment: How to Make QFD Work for You.* McGraw-Hill.

4.6. Herramientas y software para QFD

Existen diversas herramientas y software que facilitan la implementación del QFD y permiten que las empresas gestionen y visualicen la Casa de la calidad de manera eficiente:

- QFD Capture: Una herramienta de software especializada en QFD que permite crear y gestionar matrices de calidad.
- Excel Templates: Plantillas de Excel disponibles en línea que permiten construir la Casa de la Calidad de manera manual.
- QFD Professional: Software avanzado que ofrece funcionalidades adicionales, como análisis de tendencias y simulaciones.

Fuente: Stackpole, S. R. (1996). *The Quality Function Deployment Reference Book*. ASQ Quality Press.

4.7. Ejemplo de QFD para un producto gráfico: tarjetas de presentación personalizadas

Contexto del ejemplo

Supongamos que una empresa de artes gráficas desea lanzar una nueva línea de **tarjetas de presentación personalizadas**. Para asegurar que el producto final cumpla con las expectativas de los clientes, la empresa decide implementar el QFD utilizando la Casa de la Calidad.

Paso 1: Recopilación de la voz del cliente (VoC)

Primero, se identifican las **necesidades y expectativas de los clientes** a través de encuestas, entrevistas y análisis de comentarios previos. A continuación, se enumeran las principales necesidades:

1. Diseño atractivo y profesional
2. Durabilidad y calidad del papel
3. Precisión en la reproducción del color
4. Variedad de opciones de acabado
5. Tiempo de entrega rápido
6. Precio competitivo
7. Personalización fácil y flexible

Paso 2: identificación de características técnicas

A continuación, se determinan las **características técnicas** necesarias para satisfacer las necesidades del cliente:

1. Tipos de papel (gramaje, textura)
2. Tecnología de impresión (offset, digital)
3. Sistema de gestión del color
4. Opciones de acabado (mate, brillante, laminado)
5. Capacidad de personalización de diseños
6. Procesos de producción eficientes
7. Estrategias de costeo y precios

Paso 3: Construcción de la Casa de la calidad

A continuación, se construye la **Casa de la calidad**, que relaciona las necesidades del cliente con las características técnicas. A continuación, se presenta una versión simplificada de la matriz:

Leyenda de calificación:

★★★★★: Muy importante / Muy alta relación

★★★★: Importante / Alta relación

★★★: Moderadamente importante / Relación media

★★: Poco importante / Baja relación

★: No importante / Relación mínima

Características técnicas	Necesidades del cliente						
	Diseño atractivo y profesional	Durabilidad y calidad del papel	Precisión en la reproducción del color	Variedad de opciones de acabado	Tiempo de entrega rápido	Precio competitivo	Personalización fácil y flexible
Tipos de papel	★★★	★★★★★★	★★	★★★	★	★★	★★★
Tecnología de impresión	★★★	★★★★	★★★★★★	★★★	★★★	★★	★★★★
Sistema de gestión del color	★★	★★★	★★★★★★	★★	★★	★	★★★
Opciones de acabado	★★★	★★	★★★	★★★★★★	★★	★★	★★
Capacidad de personalización	★★★★	★★	★★★★	★★★	★★	★★	★★★★★
Procesos de producción eficientes	★★	★★★	★★★	★★★	★★★★	★★★★	★★★
Estrategias de costeo y precios	★	★	★★	★	★★★	★★★★★	★★

Paso 4: Priorización y análisis

1. **Priorización de necesidades del cliente:**

   • Diseño atractivo y profesional: Alta prioridad debido a la primera impresión que generan las tarjetas.

   • Durabilidad y calidad del papel: Alta prioridad para asegurar que las tarjetas resistan el uso diario.

   • Precisión en la reproducción del color: Muy alta prioridad para mantener la fidelidad del diseño original.

   • Variedad de opciones de acabado: Moderada prioridad para ofrecer opciones según preferencias.

   • Tiempo de entrega rápido: Alta prioridad para clientes con necesidades urgentes.

   • Precio competitivo: Muy alta prioridad para atraer a una amplia gama de clientes.

   • Personalización fácil y flexible: Muy alta prioridad para permitir que los clientes creen diseños únicos.

2. **Análisis de capacidades:**

   • Tipos de papel: Alta relación con durabilidad y calidad del papel.

   • Tecnología de impresión: Muy alta relación con precisión en la reproducción del color.

   • Sistema de gestión de color: Muy alta relación con precisión en la reproducción del color.

   • Opciones de acabado: Muy alta relación con variedad de opciones de acabado.

   • Capacidad de personalización: Muy alta relación con personalización fácil y flexible.

- Procesos de producción eficientes: Muy alta relación con tiempo de entrega rápido y precio competitivo.
- Estrategias de costeo y precios: Muy alta relación con precio competitivo.

Paso 5:Desarrollo de objetivos de calidad

Basándose en la matriz de la Casa de la calidad, se establecen los siguientes objetivos de calidad:

1. **Mejorar la gestión de color** para garantizar una reproducción precisa y consistente.

2. **Implementar tecnología de impresión digital avanzada** para aumentar la precisión y reducir los tiempos de producción.

3. **Ofrecer al menos tres opciones de acabado** (mate, brillante, seda) para mayor variedad.

4. **Optimizar los procesos de producción** para reducir los tiempos de entrega en un 20%.

5. **Mantener los costes de producción bajos** mediante la eficiencia operativa para ofrecer precios competitivos.

6. **Facilitar herramientas de personalización en línea** para que los clientes puedan diseñar sus tarjetas de forma sencilla y flexible.

Paso 6: Implementación y seguimiento

1. **Mejorar la gestión de color:**

   - Implementar un sistema de gestión de color (CMS) avanzado.
   - Capacitar al personal en el uso de herramientas de calibración de color.

2. **Tecnología de impresión digital:**
   - Adquirir impresoras digitales de última generación.
   - Realizar pruebas piloto para asegurar la calidad y eficiencia de las nuevas impresoras.

3. **Opciones de acabado:**
   - Negociar con proveedores para ampliar las opciones de acabado disponibles.
   - Capacitar al personal en la aplicación de nuevos acabados.

4. **Optimización de procesos:**
   - Revisar y reestructurar los flujos de trabajo para eliminar cuellos de botella.
   - Implementar software de gestión de producción para mejorar la eficiencia.

5. **Estrategias de costeo y precios:**
   - Analizar los costes de producción y buscar oportunidades de reducción de costes.
   - Ajustar la estructura de precios para mantener la competitividad sin comprometer la calidad.

6. **Herramientas de personalización:**
   - Desarrollar una plataforma en línea intuitiva para la personalización de tarjetas.
   - Ofrecer soporte técnico y tutoriales para guiar a los clientes en el diseño.

Resultados esperados
- Aumento de la Satisfacción del Cliente: Esperado un incremento del 25% en la satisfacción del cliente debido a mejoras en la calidad y opciones de personalización.

- Reducción de Tiempos de Entrega: Reducción del 20% en los tiempos de entrega, mejorando la capacidad de respuesta ante pedidos urgentes.
- Incremento de Ventas: Se proyecta un aumento del 15% en las ventas gracias a la diferenciación basada en la calidad y personalización.
- Mejora de la Eficiencia Operativa: Reducción de costes operativos en un 10% mediante la optimización de procesos y tecnologías avanzadas.

Conclusión del ejemplo

Este ejemplo de QFD para el desarrollo de **tarjetas de presentación personalizadas** demuestra cómo la Casa de la Calidad puede ser utilizada para alinear las necesidades del cliente con los requisitos técnicos del producto. Al seguir los pasos del QFD, la empresa de artes gráficas puede asegurar que sus productos no solo cumplen, sino que superan las expectativas de sus clientes, logrando así una ventaja competitiva sostenible en el mercado.

Referencias

1. **Akao, Y.** (1990). *Quality Function Deployment: Integrating Customer Requirements into Product Design*. Productivity Press.

2. **Graban, E. R.** (1994). *Quality Function Deployment: How to Make QFD Work for You*. McGraw-Hill.

3. **Juran, J. M., & Godfrey, A. B.** (1999). *Juran's Quality Handbook*. McGraw-Hill.

4. **American Society for Quality (ASQ).** (2023). *Quality Function Deployment (QFD).* Recuperado de ASQ.org

5. **Stackpole, S. R.** (1996). *The Quality Function Deployment Reference Book.* ASQ Quality Press.

6. **Montgomery, D. C.** (2012). *Introduction to Statistical Quality Control.* Wiley.

Capítulo 5:

Las 7 herramientas de la calidad

La gestión de calidad en las artes gráficas requiere la utilización de herramientas específicas que faciliten la identificación, análisis y resolución de problemas, así como la mejora continua de los procesos. Las **7 herramientas de la calidad** son fundamentales para alcanzar estos objetivos, proporcionando métodos estructurados y efectivos para gestionar la calidad en todas las etapas de producción.

Las **7 herramientas de la calidad** proporcionan un conjunto de métodos esenciales para gestionar y mejorar la calidad en las artes gráficas. Desde la visualización de procesos mediante diagramas de flujo hasta el análisis de correlaciones con diagramas de dispersión, estas herramientas facilitan la identificación de problemas, la implementación de mejoras y la garantía de que los productos finales cumplen con las expectativas de los clientes. La correcta aplicación de estas herramientas contribuye significativamente a la eficiencia operativa, la reducción de costes y el aumento de la satisfacción del cliente.

5.I. Diagramas de flujo

5.I.I. Definición y propósito

Los **diagramas de flujo** son representaciones gráficas de los pasos secuenciales de un proceso. Su objetivo principal es visualizar el flujo de actividades, identificar redundancias, cuellos de botella y oportunidades de mejora. En las artes gráficas, los diagramas de flujo ayudan a mapear procesos como la preimpresión, impresión, postimpresión y distribución, facilitando una comprensión clara y compartida entre todos los miembros del equipo.

5.I.2. Componentes principales

- Inicio y fin: Indican el punto de inicio y el de culminación del proceso.
- Actividades o procesos: Representados por rectángulos, muestran las acciones realizadas.
- Decisiones: Representadas por diamantes, indican puntos donde se debe tomar una decisión.
- Flujo de información: flechas que conectan los diferentes elementos, mostrando la dirección del flujo.

5.I.3. Aplicación en las artes gráficas

Ejemplo práctico: proceso de preimpresión en una imprenta

1. **Recepción del pedido:** Inicio del proceso con la recepción de archivos del cliente.

2. **Revisión de archivos:** Verificación de formatos, resolución y otros requisitos técnicos.

3. **Correcciones y ajustes:** Modificaciones necesarias para cumplir con los estándares de impresión.

4. **Prueba de color:** Evaluación de la reproducción del color antes de la impresión final.

5. **Aprobación del cliente:** Obtención de la aprobación final antes de proceder con la impresión.

6. **Fin:** Culminación del proceso de preimpresión.

Fuente: *Besterfield, D. H. (2000). Quality Control.*
McGraw-Hill Education.

Diagrama de flujo: Proceso de producción (tarjetas/naipes)

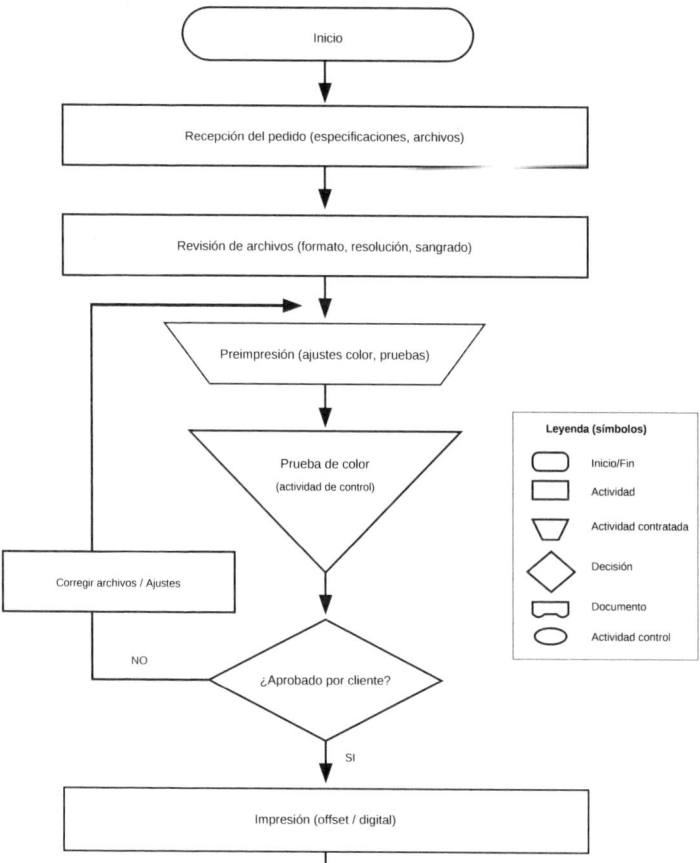

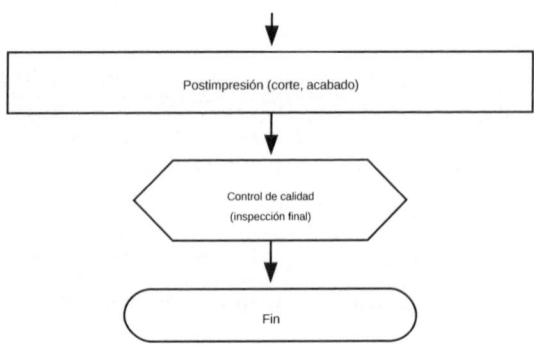

Postimpresión (corte, acabado)

Control de calidad
(inspección final)

Fin

5.1.4. Beneficios

- Claridad y comunicación: Facilitan la comprensión de los procesos complejos.
- Identificación de problemas: Ayudan a detectar ineficiencias y áreas de mejora.
- Estandarización de procesos: Permiten documentar y estandarizar procedimientos para asegurar la consistencia.

5.2. Diagrama de Ishikawa

5.2.1. Definición y propósito

El **diagrama de Ishikawa**, también conocido como **diagrama de causa y efecto** o **diagrama de espina de pescado**, es una herramienta utilizada para identificar, explorar y visualizar las posibles causas de un problema específico. En el contexto de las artes gráficas, este diagrama es indispensable para analizar defectos en la impresión, inconsistencias en las tonalidades de color o fallos en los procesos de producción.

5.2.2. Componentes principales

- Cabeza del pescado: Representa el problema principal que se está analizando.
- Espinas principales: Categorías de posibles causas, comúnmente las "6 M" en manufactura: máquina, método, material, mano de obra, medio ambiente y medición.
- Espinas secundarias: Sub-causas específicas dentro de cada categoría principal.

5.2.3. Aplicación en las artes gráficas

Ejemplo práctico: defecto en la reproducción del color

1. **Problema:** Reproducción de tonalidades inexacta.
2. **Categorías de causa (6 M):**
   - Máquina: Calibración incorrecta de impresoras.
   - Método: Procedimientos de preimpresión inadecuados.
   - Material: Calidad inconsistente de tintas.
   - Mano de obra: Falta de capacitación del personal en gestión del color.
   - Medio ambiente: Condiciones de temperatura y humedad fluctuantes.
   - Medición: Herramientas de medición del color no precisas.
3. **Identificación de sub-causas:**
   - Máquina: Falta de mantenimiento regular.
   - Método: Falta de estandarización en el proceso de preimpresión.
   - Material: Proveedores inconsistentes de tintas de alta calidad.

Fuente: *Ishikawa, K. (1986). What Is Total Quality Control? The Japanese Way.* Prentice Hall.

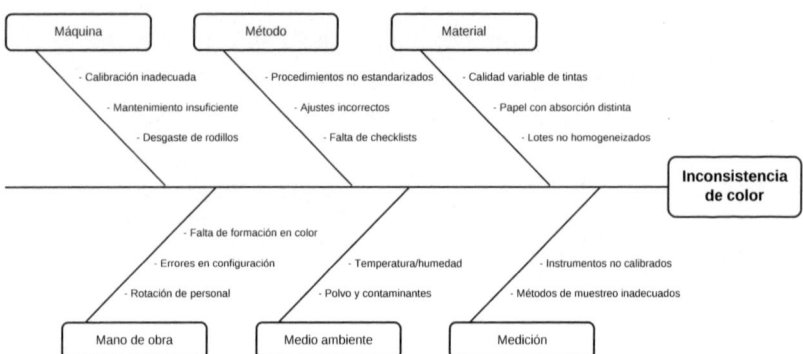

Diagrama de Ishikawa (Causa-Efecto) — Ejemplo: Inconsistencia de color en impresión

5.2.4. Beneficios

- Análisis profundo: Facilita la identificación de causas raíz de problemas.
- Prevención de problemas futuros: Ayuda a implementar medidas preventivas.
- Colaboración: Promueve el trabajo en equipo al involucrar a diferentes departamentos en el análisis.

5.3. Hojas de verificación

5.3.1. Definición y propósito

Las **hojas de verificación** son herramientas simples utilizadas para recopilar datos de manera sistemática y verificar la ocurrencia de eventos específicos o defectos. En las artes gráficas, se utilizan para controlar la calidad durante diversas etapas del proceso de impresión, asegurando que se cumplan los estándares establecidos.

5.3.2. Componentes principales

- Encabezado: Información sobre el proceso, fecha, operador, etc.
- Lista de criterios: Aspectos específicos a verificar, como calidad del color, alineación de impresión, gramaje del papel.
- Casillas de verificación: Espacios para marcar la conformidad o el defecto.
- Notas adicionales: Espacio para observaciones relevantes.

5.3.3. Aplicación en las artes gráficas

Ejemplo práctico: control de calidad en la impresión

1. **Encabezado:**
   - Fecha: 15/04/2020
   - Operador: Juan Pérez
   - Proceso: Impresión offset
2. **Lista de criterios:**
   - Precisión de color
   - Alineación de imágenes
   - Consistencia del gramaje
   - Ausencia de defectos (manchas, rayas)
   - Tiempo de impresión cumplido
3. **Casillas de verificación:**
   - ✓/✗ para cada criterio.
4. **Notas adicionales:**
   - "Se detectó una leve desviación en la alineación de la imagen en la página 3."

Fuente: *Juran, J. M., & Gryna, F. M.* (1988). *Juran on Planning for Quality.* Free Press.

Hoja de verificación – Control de calidad en la impresión

Encabezado

Fecha: **15/04/2020**   Operador: **Juan Pérez**

Proceso: **Impresión offset**

Criterio	Resultado
Precisión de color	☐ Cumple
Alineación de imágenes	☐ No cumple
Consistencia del gramaje	☐ Cumple
Ausencia de defectos (manchas, rayas)	☐ Cumple
Tiempo de impresión cumplido	☐ Cumple

Notas adicionales

Se detectó una leve desviación en la alineación de la imagen en la página 3.

Firma del Operador	Responsable de Control de Calidad
_____	_____

Hoja de verificación | Control de calidad – Impresión offset | 15/04/2025

5.3.4. Beneficios

- Facilidad de uso: Simples de implementar y utilizar.
- Datos confiables: Permiten la recopilación de datos precisos para análisis posteriores.
- Prevención de errores: Facilitan la detección temprana de defectos, evitando retrabajos y desperdicios.

5.4. Diagrama de Pareto

5.4.1. Definición y propósito

El **diagrama de Pareto** es una herramienta gráfica que ayuda a identificar y priorizar las causas de problemas mediante la representación de datos en orden descendente de frecuencia o impacto. Basado en el principio de Pareto (80/20), sugiere que aproximadamente el 80% de los problemas provienen del 20% de las causas. En las artes gráficas, es útil para enfocarse en las áreas que generan la mayoría de los defectos o retrasos.

5.4.2. Componentes principales

- Barras: Representan las categorías de causas ordenadas de mayor a menor.
- Línea de acumulación: Muestra el porcentaje acumulado de las causas.
- Eje horizontal: Categorías de causas.
- Eje vertical izquierdo: Frecuencia o impacto.
- Eje vertical derecho: Porcentaje acumulado.

5.4.3. Aplicación en las artes gráficas

Ejemplo práctico: análisis de defectos en la impresión

1. **Recolección de datos:**
   - Tipo de defectos: Rayas, manchas, color inexacto, alineación incorrecta, papel arrugado.
2. **Frecuencia de defectos:**
   - Rayas: 40
   - Manchas: 30

- Color inexacto: 20
- Alineación incorrecta: 8
- Papel arrugado: 2

3. **Construcción del diagrama:**

   - Ordenar los defectos de mayor a menor frecuencia.
   - Calcular el porcentaje acumulado.

4. **Interpretación:**

   - Las rayas y manchas representan el 70% de los defectos, indicando que estas áreas deben ser priorizadas para la mejora.

   Fuente: *Juran, J. M., & Gryna, F. M. (1988).*
   Juran on Planning for Quality. Free Press.

Diagrama de Pareto — Análisis de defectos en la impresión

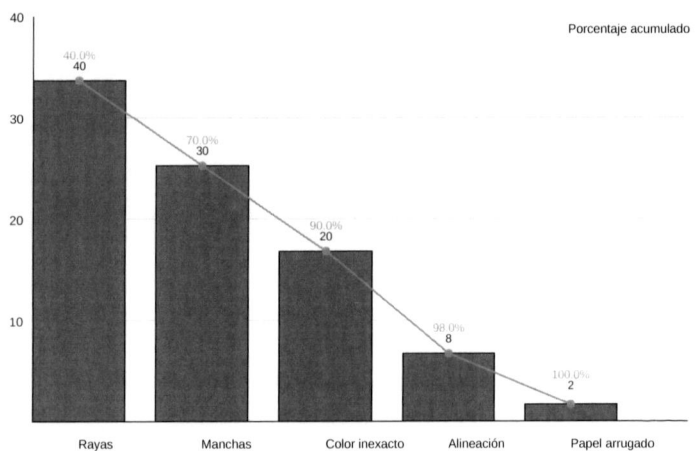

5.4.4. **Beneficios**

- Prioridad en la resolución de problemas: Permite enfocar los esfuerzos en las causas más significativas.

- Visualización clara: Facilita la comprensión de la distribución de problemas.
- Mejora continua: Ayuda a monitorear el progreso en la reducción de defectos.

5.5. Histogramas

5.5.1. Definición y propósito

Los **histogramas** son gráficos de barras que representan la distribución de un conjunto de datos continuos. Permiten visualizar la frecuencia de los datos en intervalos específicos, facilitando el análisis de variabilidad y tendencias. En las artes gráficas, los histogramas son útiles para evaluar la uniformidad de procesos como la densidad de tinta, el gramaje del papel y la precisión de color.

5.5.2. Componentes principales

- Eje horizontal (X): Intervalos de datos (por ejemplo, rangos de densidad de tinta).
- Eje vertical (Y): Frecuencia o cantidad de ocurrencias.
- Barras: Representan la frecuencia de cada intervalo de datos.

5.5.3. Aplicación en las artes gráficas

Ejemplo práctico: análisis de la densidad de tinta

1. **Recolección de datos:**
   - Medición de la densidad en 50 muestras.
   - Valores obtenidos: 1.20, 1.25, 1.22, 1.18, etc.

2. **Construcción del histograma:**
   - Definir intervalos (por ejemplo, 1.15-1.19, 1.20-1.24, 1.25-1.29, 1.30-1.34).
   - Contar la frecuencia de datos en cada intervalo.
3. **Interpretación:**
   - Identificar si la densidad de tinta está distribuida de manera uniforme o si existen variaciones significativas que requieren ajustes en el proceso de impresión.

Fuente: *Montgomery, D. C.* (2012).
Introduction to Statistical Quality Control. Wiley.

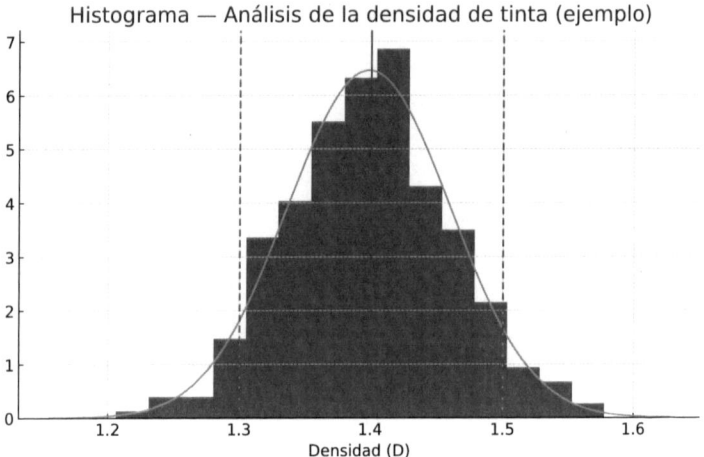

Histograma — Análisis de la densidad de tinta (ejemplo)

5.5.4. Beneficios

- Identificación de variabilidad: Permite detectar inconsistencias en los procesos.
- Análisis de tendencias: Facilita la identificación de patrones y tendencias en los datos.
- Mejora de procesos: Ayuda a implementar ajustes para reducir la variabilidad y mejorar la calidad.

5.6. Gráficos de control estadístico

5.6.1. Definición y propósito

Los **gráficos de control estadístico (SPC)** son herramientas utilizadas para monitorear y controlar un proceso mediante la representación gráfica de datos a lo largo del tiempo. Permiten detectar variaciones fuera de control que podrían afectar a la calidad del producto. En las artes gráficas, los gráficos de control son esenciales para mantener la consistencia en la producción, asegurando que los procesos de impresión se mantengan dentro de los límites aceptables.

5.6.2. Componentes principales

- Eje horizontal (X): Tiempo o secuencia de producción.
- Eje vertical (Y): Medida de calidad (por ejemplo, densidad de tinta).
- Líneas de control:
  - Línea central (Media): Promedio de los datos.
  - Límite de Control Superior (LCS) y Límite de Control Inferior (LCI): Límites establecidos para detectar variaciones significativas.
- Datos de proceso: Puntos que representan mediciones individuales.

5.6.3. Aplicación en las artes gráficas

Ejemplo práctico: monitoreo de la densidad de tinta

1. **Definición de parámetros:**

   - Media ($\bar{x}$): 1.25
   - Límite de Control Superior (LCS): 1.35
   - Límite de Control Inferior (LCI): 1.15

2. **Recolección de datos:**

   - Medición de la densidad de tinta en cada lote impreso.
   - Datos recopilados durante un mes.

3. **Construcción del gráfico de control:**

   - Ploteo de los datos de densidad de tinta en el gráfico.
   - Observación de puntos que caen fuera de los límites de control.

4. **Interpretación:**

   - Detectar variaciones fuera de control que indican problemas en el proceso de impresión, como fluctuaciones en la mezcla de tinta o fallos en el equipo.

     Fuente: *Montgomery, D. C. (2012).*
     Introduction to Statistical Quality Control. Wiley.

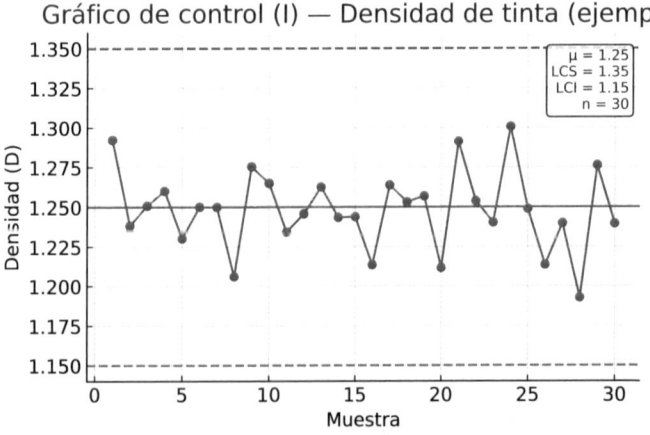

Gráfico de control (I) — Densidad de tinta (ejemplo)

5.6.4. Beneficios

- Monitoreo continuo: Permite la vigilancia constante de los procesos.
- Detección temprana de problemas: Identifica variaciones antes de que se conviertan en defectos.
- Mejora de la consistencia: Ayuda a mantener procesos estables y consistentes.

5.7. Diagramas de dispersión

5.7.1. Definición y propósito

Los **diagramas de dispersión** son gráficos que muestran la relación entre dos variables. Ayudan a identificar patrones, tendencias o correlaciones entre factores que podrían afectar la calidad del producto. En las artes gráficas, estos diagramas son útiles para analizar qué influencia tienen variables como la temperatura del ambiente o la velocidad de impresión en la calidad final de las impresiones.

5.7.2. Componentes principales

- Eje horizontal (X): Variable independiente (por ejemplo, temperatura).
- Eje vertical (Y): Variable dependiente (por ejemplo, calidad de color).
- Puntos de datos: Representan las observaciones individuales.
- Línea de tendencia: Opcional, muestra la dirección general de la relación.

5.7.3. Aplicación en las artes gráficas

Ejemplo práctico: relación entre temperatura y calidad de impresión

1. **Recolección de datos:**
   - Medición de la temperatura ambiente y evaluación de la calidad de color en impresiones realizadas en diferentes días.
   - Datos obtenidos durante un mes.

2. **Construcción del diagrama de dispersión:**
   - Ploteo de la temperatura en el eje X y la calidad de color en el eje Y.
   - Análisis de la distribución de los puntos para identificar correlaciones.

3. **Interpretación:**
   - Si los puntos muestran una tendencia ascendente, podría indicar que temperaturas más altas mejoran la calidad de color.
   - Si no hay una tendencia clara, sugiere que la temperatura no influye significativamente en la calidad de color.

Fuente: *Juran, J. M., & Gryna, F. M. (1999).*
Juran's Quality Handbook. McGraw-Hill.

5.7.4. Beneficios

- Identificación de correlaciones: Permite entender cómo interactúan diferentes variables.
- Soporte para toma de decisiones: Ayuda a decidir qué variables controlar para mejorar la calidad.
- Visualización clara: Facilita la comprensión de relaciones complejas entre variables.

Diagrama de dispersión — Temperatura vs. Calidad de color (ejemplo)

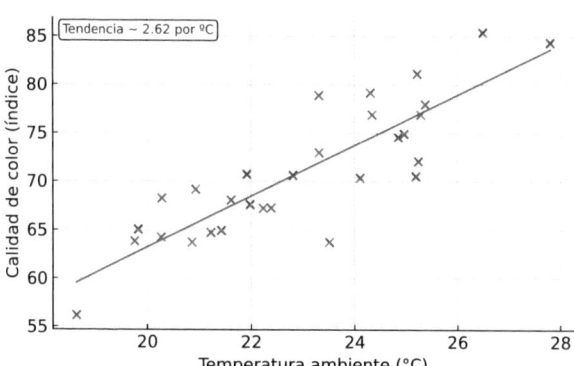

![Tendencia ~ 2.62 por ºC]

Referencias

1. **Akao, Y.** (1990). *Quality Function Deployment: Integrating Customer Requirements into Product Design.* Productivity Press.

2. **Graban, E. R.** (1994). *Quality Function Deployment: How to Make QFD Work for You.* McGraw-Hill.

3. **Juran, J. M., & Gryna, F. M.** (1999). *Juran's Quality Handbook.* McGraw-Hill.

4. **Montgomery, D. C.** (2012). *Introduction to Statistical Quality Control.* Wiley.

5. **American Society for Quality (ASQ).** (2023). *Quality Function Deployment (QFD).* Recuperado de ASQ.org

6. **Stackpole, S. R.** (1996). *The Quality Function Deployment Reference Book.* ASQ Quality Press.

7. **Juran, J. M., & Godfrey, A. B.** (1988). *Juran on Planning for Quality.* Free Press.

Capítulo 6:

Mapas de procesos

La **gestión de calidad** en las artes gráficas requiere una comprensión profunda de los procesos que componen la organización. Los **mapas de procesos** son herramientas visuales que permiten identificar, analizar y optimizar los distintos procesos dentro de una empresa.

Estos mapas no solo proporcionan una visión clara y estructurada de cómo se desarrollan las actividades dentro de la empresa, sino que también facilitan la identificación de áreas de mejora y la implementación de cambios que optimicen la eficiencia y la satisfacción del cliente. Al comprender y clasificar los diferentes tipos de procesos—estratégicos, operativos y de apoyo—las empresas pueden asegurarse de que todas las actividades están alineadas con los objetivos de calidad y las expectativas de los clientes.

6.1. Procesos estratégicos

6.1.1. Definición y propósito

Los **procesos estratégicos** son aquellos que definen la dirección a largo plazo de la organización y establecen las bases para el logro de sus objetivos. Estos procesos están alineados con la misión, visión y valores de la empresa, y son esenciales para la sostenibilidad y el crecimiento continuo.

6.1.2. Características principales

- Orientación a largo plazo: Están enfocados en la planificación y dirección futura.
- Alta influencia en la organización: Impactan significativamente en la estructura y cultura empresarial.
- Toma de decisiones clave: Involucran decisiones estratégicas que afectan a toda la empresa.

6.1.3. Aplicación en las artes gráficas

En una empresa de artes gráficas, los procesos estratégicos pueden incluir:

- Planificación estratégica: Definición de objetivos a largo plazo y desarrollo de planes para alcanzarlos.
- Gestión de innovación: Fomento de la innovación en productos y servicios para mantenerse competitivo.

- Gestión de relaciones con clientes clave: Desarrollo de relaciones sólidas con clientes estratégicos y alianzas comerciales.

Fuente: Kaplan, R. S., & Norton, D. P. (1996).
The Balanced Scorecard: Translating Strategy into Action.
Harvard Business School Press.

6.2. Procesos operativos

6.2.1. Definición y propósito

Los **procesos operativos** son aquellos que se encargan de la producción de bienes y servicios. Estos procesos son fundamentales para cumplir con los requisitos del cliente y mantener la eficiencia operativa.

6.2.2. Características principales

- Orientación a la producción: Están enfocados en la creación de productos o servicios.
- Repetitivos y estandarizados: Suelen seguir pasos establecidos para garantizar la consistencia.
- Interacción directa con clientes: En muchos casos, tienen un impacto directo en la satisfacción del cliente.

6.2.3. Aplicación en las artes gráficas

En una imprenta de naipes, por ejemplo, los procesos operativos pueden incluir:

- Preimpresión: Preparación de archivos, diseño y corrección del color.

- Impresión: Uso de maquinaria para producir las tarjetas de naipes.
- Postimpresión: Corte, acabado y embalaje de las tarjetas impresas.

Fuente: Hammer, M., & Champy, J. (1993). Reengineering the Corporation: A Manifesto for Business Revolution. HarperBusiness.

6.3. Procesos de apoyo

6.3.1. Definición y propósito

Los **procesos de apoyo** son aquellos que facilitan y respaldan los procesos estratégicos y operativos. Aunque no están directamente involucrados en la producción de bienes y servicios, son esenciales para el funcionamiento eficiente de la organización.

6.3.2. Características principales

- Facilitan otros procesos: Proporcionan recursos y soporte necesarios.
- No directamente relacionados con la producción: Incluyen actividades administrativas y de gestión.
- Impacto indirecto en la calidad: Contribuyen a la eficiencia y efectividad general.

6.3.3. Aplicación en las artes gráficas

En una imprenta de naipes, los procesos de apoyo pueden incluir:

- Gestión de recursos humanos: Reclutamiento, capacitación y desarrollo del personal.

- Gestión financiera: Administración de presupuestos, contabilidad y control de costes.

- Mantenimiento de equipos: Asegurar que las máquinas de impresión y otros equipos estén en buen estado de funcionamiento.

Fuente: Slack, N., Brandon-Jones, A., & Burgess, N. (2013). Operations Management. Pearson Education.

6.4. Ejemplo de mapa de procesos de una imprenta de naipes

A continuación, se presenta un ejemplo simplificado de un mapa de procesos para una imprenta de naipes:

1. Recepción del pedido:

- Entrada: Pedido del cliente (especificaciones, cantidad, fecha de entrega).
- Salida: Orden de trabajo registrada en el sistema.

2. Diseño y preimpresión:

- Actividades:
  - Diseño gráfico de las tarjetas.
  - Revisión y aprobación de los diseños por parte del cliente.
  - Preparación de archivos para impresión.
- Herramientas: Software de diseño (Adobe Illustrator, Photoshop).

3. Calibración de la máquina de impresión:

- Actividades:
  - Ajuste del color y niveles de tinta.
  - Verificación de la calidad mediante pruebas de impresión.

- Herramientas: Calibradores de color, software de gestión del color.

4. Impresión:
- Actividades:
  - Impresión de las tarjetas en la máquina offset o digital.
  - Monitoreo continuo de la calidad durante la impresión.
- Herramientas: Máquinas de impresión, sistemas de monitoreo de calidad.

5. Postimpresión:
- Actividades:
  - Corte de las tarjetas.
  - Acabados (laminado, barnizado).
  - Control de calidad final.
- Herramientas: Cuchillas de corte, laminadoras.

6. Embalaje y distribución:
- Actividades:
  - Embalaje de las tarjetas según especificaciones del cliente.
  - Coordinación con servicios de mensajería para la entrega.
- Herramientas: Materiales de embalaje, sistemas de seguimiento de envíos.

7. Retroalimentación y mejora continua:
- Actividades:
  - Recopilación de comentarios del cliente.
  - Análisis de procesos para identificar oportunidades de mejora.
- Herramientas: Encuestas de satisfacción, reuniones de revisión de procesos.

6.4.1. Visualización del mapa de procesos

A continuación, se presenta una representación gráfica simplificada del mapa de procesos:

Mapa de procesos por niveles — Imprenta de naipes

Procesos estratégicos

Comunicación interna/externa	Planificación de la producción
Gestión de la calidad	Retroalimentación y mejora continua

Procesos operativos

Recepción del pedido	Diseño y preimpresión	Calibración máquina
Impresión	Postimpresión	Embalaje y distribución

Procesos de apoyo

Control de calidad	Selección de personal
Formación del personal	Suministros

Descripción visual:

- Recepción del pedido: Inicio del proceso con la recepción de las especificaciones del cliente.
- Diseño y preimpresión: Creación y aprobación de diseños gráficos.
- Calibración de la máquina: Ajuste de equipos para asegurar la calidad de impresión.
- Impresión: Producción de las tarjetas de naipes.

- Postimpresión: Acabados y corte de las tarjetas impresas.
- Embalaje y distribución: Preparación y envío de los productos finales.
- Retroalimentación y mejora continua: Evaluación y optimización de procesos basados en la retroalimentación del cliente.

6.5. Beneficios del mapa de procesos

- Claridad y comprensión: Facilita la comprensión de cómo fluye el trabajo dentro de la organización.
- Identificación de ineficiencias: Ayuda a detectar redundancias, cuellos de botella y áreas de mejora.
- Mejora de la comunicación: Promueve una comunicación clara entre departamentos y equipos.
- Facilidad de implementación de cambios: Proporciona una base para planificar y ejecutar mejoras en los procesos.

Referencias

1. **Kaplan, R. S., & Norton, D. P.** (1996). *The Balanced Scorecard: Translating Strategy into Action*. Harvard Business School Press.

2. **Hammer, M., & Champy, J.** (1993). *Reengineering the Corporation: A Manifesto for Business Revolution*. HarperBusiness.

3. **Slack, N., Brandon-Jones, A., & Burgess, N.** (2013). *Operations Management.* Pearson Education.

4. **ISO 9001:2015.** *Quality Management Systems - Requirements.* International Organization for Standardization.

5. **Rummler, G. A., & Brache, A. P.** (1995). *Improving Performance: How to Manage the White Space on the Organization Chart.* Jossey-Bass Publishers.

6. **Juran, J. M., & Gryna, F. M.** (1988). *Juran on Planning for Quality.* Free Press.

7. **Montgomery, D. C.** (2012). *Introduction to Statistical Quality Control.* Wiley.

Capítulo 7:

Procedimientos

Este capítulo explora qué es un procedimiento, su relevancia en el contexto de las artes gráficas y presenta un ejemplo práctico de cómo establecer un procedimiento para la selección de proveedores.

Los **procedimientos** son elementos esenciales en la gestión de calidad, ya que proporcionan un marco estructurado para la ejecución consistente y eficiente de las actividades dentro de una organización. En el sector de las artes gráficas, contar con procedimientos bien definidos para procesos críticos como la selección de proveedores garantiza la calidad de los productos finales, optimiza los costes y fortalece las relaciones comerciales. La implementación y el mantenimiento de procedimientos efectivos son pasos fundamentales hacia la mejora continua y la excelencia operativa.

7.1. Qué es un procedimiento

7.1.1. Definición y propósito

Un **procedimiento** es un conjunto de pasos detallados y secuenciales que describen cómo realizar una actividad o tarea específica dentro de una organización. Su propósito principal es estandarizar las operaciones para garantizar que se lleven a cabo de manera consistente y conforme a los estándares de calidad establecidos. En el contexto de las artes gráficas, los procedimientos aseguran que cada etapa del proceso de producción, desde la recepción del pedido hasta la entrega del producto final, se realice de manera eficiente y con la calidad esperada.

7.1.2. Características principales de un procedimiento

- Claridad y precisión: Los procedimientos deben estar redactados de manera clara y precisa para evitar malentendidos y asegurar una correcta ejecución.
- Secuencialidad: Deben presentar los pasos en el orden en que deben ser realizados.
- Relevancia: Cada paso debe ser relevante para la tarea que se está describiendo, evitando información innecesaria.
- Accesibilidad: Deben estar fácilmente disponibles para todos los empleados que los necesiten.
- Revisión y actualización: Los procedimientos deben revisarse y actualizarse regularmente para reflejar cambios en los procesos, tecnologías o estándares de calidad.

7.1.3. Importancia de los procedimientos en la gestión de calidad

- Estandarización de procesos: Garantizan que las actividades se realicen de manera uniforme, lo que es esencial para mantener la calidad constante de los productos.
- Mejora continua: Facilitan la identificación de áreas de mejora y la implementación de cambios para optimizar los procesos.
- Capacitación y desarrollo: Sirven como herramienta de capacitación para nuevos empleados, asegurando que comprendan y sigan los métodos establecidos.
- Cumplimiento de normativas: Ayudan a asegurar que la organización cumple con las normativas y estándares de calidad aplicables, como ISO 9001.

Fuente: International Organization for Standardization (ISO). (2015). ISO 9001:2015 - Quality Management Systems - Requirements. Recuperado de ISO.org

7.2. Ejemplos de procedimientos: selección de proveedores

7.2.1. Introducción al procedimiento de selección de proveedores

La **selección de proveedores** es un proceso crítico en cualquier empresa de artes gráficas, ya que los proveedores son responsables de suministrar los materiales y servicios necesarios para la producción. Un procedimiento bien definido para la selección de proveedores asegura que la empresa trabaje con socios confiables que cumplan con los estándares de calidad, tiempos de entrega y costes establecidos.

7.2.2. **Pasos del procedimiento de selección de proveedores**

A continuación, se detalla un procedimiento estándar para la selección de proveedores en una imprenta de naipes:

Paso 1: identificación de necesidades

- Descripción: Determinar los materiales y servicios necesarios para la producción de naipes (por ejemplo, tipos de papel, tintas, servicios de impresión).
- Responsable: Gerente de compras.
- Documentación: Lista de materiales y especificaciones técnicas.

Paso 2: búsqueda de proveedores potenciales

- Descripción: Investigar y compilar una lista de proveedores potenciales que puedan satisfacer las necesidades identificadas.
- Responsable: Equipo de compras.
- Herramientas: Bases de datos de proveedores, referencias de la industria, ferias comerciales.

Paso 3: evaluación inicial de proveedores

- Descripción: Evaluar a los proveedores potenciales basándose en criterios preliminares como capacidad de producción, calidad de productos, reputación en el mercado y certificaciones de calidad.
- Responsable: Equipo de compras y control de calidad.

- Herramientas: Cuestionarios de evaluación, informes de auditoría.

Paso 4: solicitud de cotizaciones

- Descripción: Solicitar cotizaciones formales a los proveedores seleccionados para comparar precios, condiciones de pago y tiempos de entrega.
- Responsable: Equipo de compras.
- Documentación: Solicitudes de cotización (RFQ).

Paso 5: evaluación detallada y selección

- Descripción: Realizar una evaluación detallada de las cotizaciones recibidas, considerando factores como costo total, calidad, fiabilidad, capacidad de respuesta y términos contractuales.
- Responsable: Comité de selección de proveedores.
- Herramientas: Matriz de evaluación de proveedores, análisis de costo-beneficio.

Paso 6: auditoría y visita a instalaciones (si es necesario)

- Descripción: Realizar auditorías y visitas a las instalaciones de los proveedores finalistas para verificar sus capacidades y procesos de calidad.
- Responsable: Equipo de control de calidad.
- Herramientas: Checklists de auditoría, entrevistas con el personal.

Paso 7: negociación y contratación

- Descripción: Negociar los términos finales del contrato, incluyendo precios, plazos de entrega, condiciones de pago y acuerdos de nivel de servicio.
- Responsable: Equipo de compras y asesoría legal.
- Documentación: Contratos de suministro.

Paso 8: monitoreo y evaluación continua

- Descripción: Monitorear el desempeño de los proveedores seleccionados mediante indicadores de rendimiento (KPIs) y realizar evaluaciones periódicas para asegurar el cumplimiento de los estándares establecidos.
- Responsable: Equipo de compras y control de calidad.
- Herramientas: Informes de desempeño, reuniones de revisión.

7.2.3. Diagrama de flujo del procedimiento de selección de proveedores

A continuación, se presenta un diagrama de flujo simplificado del procedimiento de selección de proveedores:

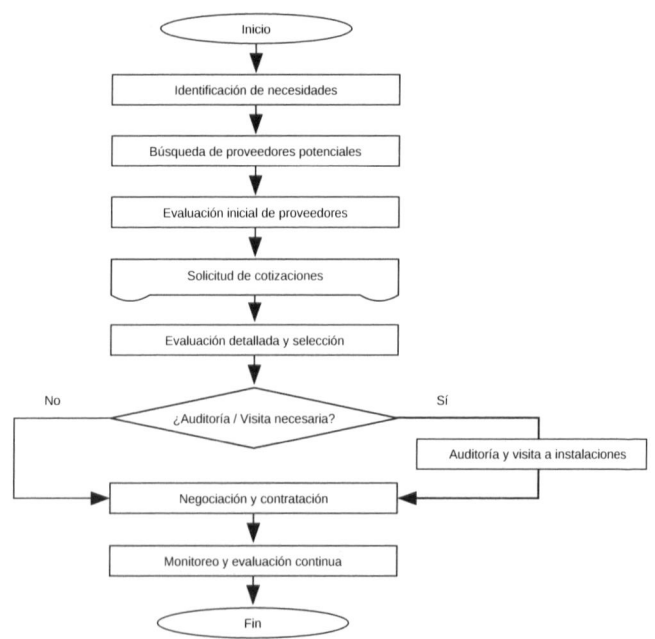

7.2.4. Beneficios de un procedimiento de selección de proveedores bien definido

- Calidad consistente: Asegura que los materiales y servicios adquiridos cumplen con los estándares de calidad requeridos.

- Reducción de costes: Permite identificar proveedores que ofrecen el mejor valor por dinero, optimizando los costes de producción.

- Fiabilidad en las entregas: Mejora la fiabilidad en los tiempos de entrega, evitando retrasos en la producción.

- Mitigación de riesgos: Minimiza los riesgos asociados con la dependencia de proveedores no confiables.

- Mejora de relaciones con proveedores: Fomenta relaciones sólidas y de largo plazo con proveedores confiables.

Fuente: American Society for Quality (ASQ). (n.d.). Supplier Selection and Management. Recuperado de ASQ.org

Referencias

1. **International Organization for Standardization (ISO).** (2015). *ISO 9001:2015 - Quality Management Systems - Requirements.* Recuperado de ISO. org

2. **Hammer, M., & Champy, J.** (1993). *Reengineering the Corporation: A Manifesto for Business Revolution.* HarperBusiness.

3. **Kaplan, R. S., & Norton, D. P.** (1996). *The Balanced Scorecard: Translating Strategy into Action.* Harvard Business School Press.

4. **Montgomery, D. C.** (2012). *Introduction to Statistical Quality Control.* Wiley.

5. **Juran, J. M., & Gryna, F. M.** (1999). *Juran's Quality Handbook.* McGraw-Hill.

6. **American Society for Quality (ASQ).** (n.d.). *Supplier Selection and Management.* Recuperado de ASQ.org

7. **ISO 9001:2015.** *Quality Management Systems - Requirements.* International Organization for Standardization.

Capítulo 8:

Costes de la calidad y no calidad

En el ámbito de la gestión de calidad, es esencial comprender no solo los beneficios de mantener altos estándares de calidad, sino también los costes asociados a la calidad y a la falta de ella. Estos costes se clasifican generalmente en cuatro categorías principales: costes de prevención, costes de evaluación, costes de fallos internos y costes de fallos externos.

Comprender y gestionar los **costes de la calidad y no calidad** es esencial para cualquier organización que aspire a mantener altos estándares de calidad y competitividad en el mercado. En el sector de las artes gráficas, donde la precisión y la calidad son fundamentales, la adecuada inversión en costes de prevención y evaluación puede significar una reducción significativa de los costes de fallos internos y externos. Implementar estrategias efectivas para minimizar estos costes no solo mejora la rentabilidad, sino que también fortalece la satisfacción y lealtad del cliente, asegurando el éxito y la sostenibilidad a largo plazo de la empresa.

8.1. Costes de prevención

8.1.1. Definición y propósito

Los **costes de prevención** son aquellos gastos realizados para evitar que ocurran defectos o problemas de calidad en los productos o servicios. Estos costes están relacionados con actividades diseñadas para prevenir errores antes de que ocurran, asegurando que los procesos sean eficientes y que los productos cumplan con los estándares de calidad desde el inicio.

8.1.2. Componentes principales

- Capacitación y formación: Inversión en la formación continua del personal para mejorar sus habilidades y conocimientos.
- Desarrollo de procesos: Diseño e implementación de procesos eficientes y estandarizados.
- Mantenimiento de equipos: Mantenimiento preventivo de maquinaria y equipos para asegurar su funcionamiento óptimo.
- Investigación y desarrollo (I+D): Innovación en técnicas y materiales para mejorar la calidad del producto.

8.1.3. Aplicación en las artes gráficas

En una imprenta de naipes, los costes de prevención pueden incluir:

- Capacitación en gestión del color: Formación del personal en el uso de sistemas de gestión del color para asegurar la precisión en la reproducción.

- Estándares de calidad ISO: Implementación de sistemas de gestión de calidad según la norma ISO 9001 para estandarizar los procesos de producción.
- Mantenimiento regular de maquinaria: Programas de mantenimiento preventivo para impresoras y cortadoras de naipes, reduciendo el riesgo de fallos técnicos.

Ejemplo práctico:

Una imprenta invierte en un programa de capacitación trimestral para su equipo de diseño y producción, enfocándose en las mejores prácticas de gestión del color y el uso eficiente de nuevas tecnologías de impresión digital. Además, implementa un sistema de mantenimiento preventivo para todas sus máquinas de impresión, reduciendo las averías y garantizando una producción continua sin interrupciones.

Fuente: Deming, W. E. (1986). Out of the Crisis. MIT Press.

8.1.4. Beneficios

- Reducción de defectos: Al prevenir errores, se disminuye la cantidad de productos defectuosos.
- Mejora de la eficiencia: Procesos estandarizados y bien mantenidos operan de manera más eficiente.
- Aumento de la satisfacción del cliente: Productos de mayor calidad generan mayor satisfacción y fidelidad del cliente.
- Reducción de costes a largo plazo: Invertir en prevención reduce la necesidad de corregir errores más costosos en el futuro.

8.2. Costes de evaluación

8.2.1. Definición y propósito

Los **costes de evaluación** son aquellos asociados con la medición, verificación y validación de la calidad de los productos y procesos. Estos costes son necesarios para asegurar que los productos cumplen con los estándares de calidad establecidos y para identificar cualquier desviación que pueda requerir acciones correctivas.

8.2.2. Componentes principales

- Inspección y pruebas: Evaluaciones visuales y técnicas de los productos durante y después de la producción.
- Auditorías de calidad: Revisión sistemática de los procesos y procedimientos para asegurar el cumplimiento de las normas de calidad.
- Instrumentos de medición: Adquisición y mantenimiento de equipos de medición y prueba.
- Revisión de procesos: Análisis y evaluación de la eficacia de los procesos actuales.

8.2.3. Aplicación en las artes gráficas

En una imprenta de naipes, los costes de evaluación pueden incluir:

- Pruebas de calidad de impresión: Evaluación regular de la precisión de las tonalidades y la calidad de impresión mediante herramientas de medición del color.

- Auditorías ISO internas: Auditorías periódicas para verificar el cumplimiento con los estándares de la norma ISO 9001.
- Inspección final de productos: Revisión detallada de las tarjetas de naipes antes de su embalaje y envío para asegurar que no presenten defectos.

Ejemplo práctico:

Antes de enviar un lote de tarjetas de naipes al cliente, el equipo de control de calidad realiza una inspección final utilizando un espectrofotómetro para medir la precisión de las tonalidades de color. Además, se lleva a cabo una auditoría interna mensual para asegurar que todos los procesos siguen los estándares de calidad establecidos.

Fuente: Juran, J. M., & Godfrey, A. B. (1999).
Juran's Quality Handbook. McGraw-Hill.

8.2.4. Beneficios

- Detección temprana de defectos: Identifica problemas antes de que los productos lleguen al cliente.
- Aseguramiento de calidad: Garantiza que todos los productos cumplen con los estándares de calidad.
- Mejora continua: Proporciona datos para analizar y mejorar los procesos de producción.
- Reducción de trabajos repetidos: Minimiza la necesidad de corregir defectos después de la producción inicial.

8.3. Costes de fallos internos

8.3.1. Definición y propósito

Los **costes de fallos internos** son aquellos asociados con la detección y corrección de defectos antes de que los productos lleguen al cliente. Estos costes incluyen todos los gastos relacionados con la reparación, retrabajo, desperdicio y tiempo de inactividad debido a errores en los procesos de producción.

8.3.2. Componentes principales

- Repetir trabajos: Costes de corregir defectos en los productos defectuosos.
- Desperdicio de materiales: Pérdida de materiales utilizados en productos defectuosos.
- Tiempo de inactividad: Tiempo perdido debido a fallos en la maquinaria o procesos.
- Reparaciones y mantenimiento correctivo: Gastos para reparar equipos que han fallado.

8.3.3. Aplicación en las artes gráficas

En una imprenta de naipes, los costes de fallos internos pueden incluir:

- Corrección de errores de impresión: Repetir el trabajo puede ser necesario para corregir desviaciones en la gestión del color.
- Desperdicio de papel y tintas: Materiales desperdiciados debido a impresiones defectuosas.

- Paradas de producción por fallos de equipos: Tiempo de inactividad causado por averías en las impresoras.

Ejemplo práctico:

Durante la producción de un lote de tarjetas de naipes, se detecta que la gestión del color está desalineada, lo que resulta en tarjetas con tonalidades incorrectas. El lote debe ser reimpreso, incurrendo en costes adicionales de tinta y papel, además del tiempo de inactividad de la maquinaria.

Fuente: Costanza, M., Patroni, A., & Tagliavini, G. (2015). The Cost of Quality: A Literature Review. European Journal of Operational Research, 245(2), 471-483.

8.3.4. Beneficios de minimizar los fallos internos

- Ahorro de costes: Reducción de gastos asociados con retrabajos y desperdicios.
- Mejora de la eficiencia operativa: Procesos más fluidos y menos interrupciones.
- Aumento de la productividad: Más productos terminados sin necesidad de correcciones.
- Mejora de la moral del personal: Menos frustraciones y más satisfacción laboral al reducir errores repetitivos.

8.4. Costes de fallos externos

8.4.1. Definición y propósito

Los **costes de fallos externos** son aquellos asociados con defectos que no se detectan antes de que los productos lleguen al cliente. Estos costes incluyen devoluciones, garantías, pérdida de clientes, daño a la reputación y acciones legales. Los fallos externos tienen un impacto negativo significativo en la satisfacción del cliente y en la imagen de la empresa.

8.4.2. Componentes principales

- Devoluciones y reembolsos: Costes asociados con la devolución de productos defectuosos y la emisión de reembolsos.
- Garantías y reparaciones: Gastos para reparar o reemplazar productos defectuosos bajo garantía.
- Pérdida de clientes: Impacto financiero y de reputación debido a la pérdida de clientes insatisfechos.
- Daño a la reputación: Costes intangibles relacionados con la pérdida de confianza y credibilidad en el mercado.
- Acciones legales: Gastos legales derivados de reclamaciones por productos defectuosos.

8.4.3. Aplicación en las artes gráficas

En una imprenta de naipes, los costes de fallos externos pueden incluir:

- Devolución de lotes defectuosos: Clientes que devuelven tarjetas de naipes debido a errores de impresión o mala calidad.
- Reemplazo de productos defectuosos: Costes de reimpresión y envío de nuevos lotes a clientes insatisfechos.

- Pérdida de contratos: Clientes que deciden no volver a utilizar los servicios de la imprenta debido a experiencias negativas.
- Impacto en la reputación: Comentarios negativos y mala reputación en el mercado que dificultan la adquisición de nuevos clientes.

Ejemplo práctico:

Un cliente recibe un lote de tarjetas de naipes con colores que no registran correctamente y decide devolver el pedido. La imprenta incurre en costes adicionales para reimprimir y enviar un nuevo lote, además de enfrentar la pérdida de confianza del cliente, lo que podría resultar en la pérdida de futuros pedidos.

Fuente: Juran, J. M., & Godfrey, A. B. (1999). Juran's Quality Handbook. McGraw-Hill.

8.4.4. Beneficios de minimizar los fallos externos

- Mejora de la satisfacción del cliente: Clientes satisfechos son más propensos a repetir negocios y recomendar la empresa.
- Aumento de la lealtad del cliente: Clientes leales contribuyen a la estabilidad y crecimiento del negocio.
- Mejora de la reputación: Una buena reputación atrae a nuevos clientes y fortalece la posición en el mercado.
- Reducción de costes legales: Minimiza la posibilidad de enfrentar reclamaciones legales costosas.

Referencias

1. **Deming, W. E.** (1986). *Out of the Crisis*. MIT Press.

2. **Juran, J. M., & Godfrey, A. B.** (1999). *Juran's Quality Handbook*. McGraw-Hill.

3. **Crosby, P. B.** (1979). *Quality Is Free: The Art of Making Quality Certain*. New York: McGraw-Hill.

4. **ISO 9001:2015.** *Quality Management Systems – Requirements*. International Organization for Standardization.

5. **Costanza, M., Patroni, A., & Tagliavini, G.** (2015). *The Cost of Quality: A Literature Review*. European Journal of Operational Research, 245(2), 471-483.

6. **Kaplan, R. S., & Norton, D. P.** (1996). *The Balanced Scorecard: Translating Strategy into Action*. Harvard Business School Press.

7. **Slack, N., Brandon-Jones, A., & Burgess, N.** (2013). *Operations Management*. Pearson Education.

Capítulo 9:

Principios de la gestión de calidad

La **gestión de calidad** es una disciplina esencial para garantizar que los productos y servicios cumplan con las expectativas de los clientes y los estándares establecidos. Este capítulo explora los siete principios fundamentales según la norma ISO 9001: 2015, su importancia en el contexto de las artes gráficas y cómo su aplicación puede contribuir al éxito y sostenibilidad de una organización.

Los **principios de la gestión de calidad** proporcionan una base fundamental para desarrollar y mantener sistemas de gestión de calidad efectivos. En el sector de las artes gráficas, la aplicación de estos principios —desde el enfoque al cliente y el liderazgo hasta la gestión de las relaciones— es esencial para asegurar que los productos y servicios no solo cumplan, sino que excedan las expectativas de los clientes. Implementar estos principios de manera coherente y sistemática permite a las organizaciones mejorar continuamente sus procesos, optimizar la eficiencia operativa y mantener una ventaja competitiva en un mercado dinámico.

9.1. Enfoque al cliente

9.1.1. Definición y propósito

El **enfoque al cliente** es el principio que sitúa las necesidades y expectativas de los clientes en el centro de todas las actividades de la organización. Su propósito es asegurar que la empresa no solo satisfaga, sino que también exceda las expectativas de sus clientes, lo que resulta en su lealtad y en una ventaja competitiva sostenida.

9.1.2. Importancia en las artes gráficas

En el sector de las artes gráficas, el enfoque al cliente es crucial debido a la naturaleza personalizada de los productos y servicios ofrecidos. Comprender las necesidades específicas de cada cliente, como la precisión en la colorimetría, la calidad del papel y los tiempos de entrega, permite a las imprentas ofrecer soluciones a medida que aumentan la satisfacción y fidelidad del cliente.

9.1.3. Aplicación práctica

Ejemplo: personalización de productos

Una imprenta de naipes implementa un sistema de gestión de relaciones con el cliente (CRM) para recopilar y analizar las preferencias de diseño y color de sus clientes. Esta información se utiliza para personalizar cada pedido, garantizando que los productos finales cumplan exactamente con las especificaciones del cliente, lo que resulta en una mayor satisfacción y repetición de pedidos.

9.1.4. Beneficios

- Satisfacción y lealtad del cliente: Clientes satisfechos son más propensos a repetir negocios y recomendar la empresa.
- Mejora de la reputación: Un enfoque constante en el cliente fortalece la imagen de la empresa en el mercado.
- Ventaja competitiva: Diferencia a la empresa frente a competidores que no priorizan las necesidades del cliente.

9.2. Liderazgo

9.2.1. Definición y propósito

El **liderazgo** implica que la alta dirección establezca una hoja de ruta clara y cree un entorno en el que las personas se sientan motivadas para contribuir al logro de los objetivos de la calidad. Un liderazgo efectivo es fundamental para alinear los esfuerzos de toda la organización hacia metas comunes de calidad.

9.2.2. Importancia en las artes gráficas

En las artes gráficas, el liderazgo juega un papel vital en la promoción de una cultura de calidad. Los líderes deben inspirar a su equipo a mantener altos estándares de producción, fomentar la innovación y garantizar que todos los procesos estén alineados con los objetivos de calidad de la empresa.

9.2.3. Aplicación práctica

Ejemplo: cultura de calidad

El director de una imprenta de naipes organiza sesiones de capacitación regulares para su personal, enfatizando en la importancia de la calidad en cada etapa del proceso de producción. Además, establece metas de calidad claras y reconoce públicamente a los empleados que contribuyen significativamente a alcanzar estos objetivos, fomentando así una cultura de mejora continua.

Fuente: Deming, W. E. (1986). Out of the Crisis. MIT Press.

9.2.4. Beneficios

- Alineación de objetivos: Garantiza que todos los miembros de la organización trabajen hacia metas comunes.
- Motivación y compromiso: Un liderazgo efectivo motiva a los empleados a comprometerse con los estándares de calidad.
- Mejora continua: Promueve una cultura de innovación y mejora constante.

9.3. Compromiso de las personas

9.3.1. Definición y propósito

El **compromiso de las personas** se refiere a la importancia de involucrar a todos los empleados en la gestión de la calidad. Este principio reconoce que la participación activa y el compromiso de cada miembro del equipo son esenciales para lograr los objetivos de calidad de la organización.

9.3.2. Importancia en las artes gráficas

En el sector de las artes gráficas, donde la precisión y la atención al detalle son fundamentales, es crucial que cada empleado comprenda su rol en el mantenimiento de la calidad. Un equipo comprometido es más propenso a detectar y corregir errores, mejorar los procesos y contribuir al éxito general de la empresa.

9.3.3. Aplicación práctica

Ejemplo: participación del equipo

Una imprenta de naipes implementa reuniones periódicas de equipo donde los empleados pueden sugerir mejoras en los procesos de impresión y postimpresión. Además, establece un sistema de reconocimiento para aquellos que contribuyen significativamente a la mejora de la calidad, incentivando así la participación activa de todos los miembros del equipo.

Fuente: Juran, J. M., & Godfrey, A. B. (1999).
Juran's Quality Handbook. McGraw-Hill.

9.3.4. Beneficios

- Mayor motivación: Los empleados comprometidos son más productivos y proactivos.
- Detección temprana de problemas: Un equipo involucrado identifica y resuelve problemas antes de que se conviertan en defectos.
- Innovación y mejora: La participación activa fomenta la creatividad y la implementación de mejoras continuas.

9.4. Enfoque basado en procesos

9.4.1. Definición y propósito

El **enfoque basado en procesos** implica gestionar las actividades de la organización como procesos interrelacionados que contribuyen al logro de los objetivos de calidad. Este principio se centra en la comprensión y gestión de los procesos para mejorar la eficiencia y eficacia.

9.4.2. Importancia en las artes gráficas

En las artes gráficas, donde múltiples procesos están interconectados, como diseño, impresión y postimpresión, un enfoque basado en procesos permite identificar y optimizar cada etapa para asegurar una producción fluida y de alta calidad.

9.4.3. Aplicación práctica

Ejemplo: mapeo de procesos

Una imprenta de naipes realiza un mapeo detallado de sus procesos de diseño, impresión y postimpresión para identificar redundancias y áreas de mejora. Implementa cambios en el flujo de trabajo que reducen el tiempo de producción y mejoran la calidad del producto final.

Fuente: ISO 9001:2015. Quality Management Systems – Requirements. International Organization for Standardization.

9.4.4. Beneficios

- Eficiencia operativa: La optimización de procesos reduce tiempos y costes.
- Consistencia de la calidad: Los procesos estandarizados aseguran productos uniformes.
- Facilidad de identificación de problemas: Permite localizar y corregir ineficiencias rápidamente.

9.5. Mejora continua

9.5.1. Definición y propósito

El principio de **mejora** se centra en la búsqueda continua de oportunidades para aumentar la eficiencia, la eficacia y la calidad en todos los aspectos de la organización. La mejora continua es esencial para adaptarse a los cambios del mercado y mantener la competitividad.

9.5.2. Importancia en las artes gráficas

En un sector dinámico como las artes gráficas, la capacidad de mejorar continuamente los procesos y productos es crucial para mantenerse al día con las innovaciones tecnológicas y las cambiantes demandas de los clientes.

9.5.3. Aplicación práctica

Ejemplo: Ciclo PDCA

Una imprenta de naipes adopta el ciclo **Planificar-Hacer-Verificar-Actuar (PDCA)** para gestionar proyectos de mejora. Por ejemplo, planifica la implementación de una nueva tecnología de impresión, realiza una prueba piloto, verifica los resultados en términos de calidad y eficiencia, y actúa sobre los hallazgos para realizar los ajustes necesarios antes de la implementación completa.

Fuente: Deming, W. E. (1986). Out of the Crisis. MIT Press.

9.5.4. Beneficios

- Adaptabilidad: Permite a la organización responder rápidamente a cambios y desafíos.
- Innovación: Fomenta la creatividad y la adopción de nuevas tecnologías y métodos.
- Competitividad: La mejora continua asegura que la empresa se mantenga competitiva en el mercado.

9.6. Toma de decisiones basadas en la evidencia

9.6.1. Definición y propósito

La **toma de decisiones basadas en la evidencia** implica utilizar datos y análisis objetivos para guiar las decisiones de la organización. Este principio asegura que las decisiones se fundamenten en información confiable y verificable, en lugar de suposiciones o intuiciones.

9.6.2. Importancia en las artes gráficas

En las artes gráficas, donde la precisión y la calidad son fundamentales, basar las decisiones en datos reales permite identificar tendencias, predecir problemas potenciales y optimizar los procesos de producción para mejorar la calidad del producto final.

9.6.3. Aplicación práctica

Ejemplo: análisis de datos de producción

Una imprenta de naipes recopila datos sobre la frecuencia de defectos de impresión y utiliza herramientas estadísticas para analizar las causas subyacentes. Basándose en estos análisis, implementa cambios en el proceso de impresión que reducen significativamente los defectos y mejoran la eficiencia.

Fuente: Montgomery, D. C. (2012).
Introduction to Statistical Quality Control. Wiley.

9.6.4. Beneficios

- Decisiones más informadas: Aumenta la precisión y efectividad de las decisiones.
- Reducción de riesgos: Minimiza la posibilidad de errores al basar las decisiones en datos fiables.
- Optimización de recursos: Permite una mejor asignación de recursos basándose en análisis objetivos.

9.7. Gestión de las relaciones

9.7.1. Definición y propósito

La **gestión de las relaciones** se refiere al establecimiento y mantenimiento de relaciones mutuamente beneficiosas con todas las partes interesadas, incluidos proveedores, clientes, empleados y socios comerciales. Este principio reconoce que la calidad no puede lograrse de manera aislada, sino que requiere colaboración y confianza entre todas las partes involucradas.

9.7.2. Importancia en las artes gráficas

En el sector de las artes gráficas, la gestión efectiva de las relaciones con proveedores garantiza el suministro de materiales de alta calidad y confiables, mientras que las relaciones sólidas con los clientes aseguran una comunicación efectiva y una comprensión clara de sus necesidades y expectativas.

9.7.3. Aplicación práctica

Ejemplo: alianzas estratégicas con proveedores

Una imprenta de naipes establece alianzas estratégicas con sus principales proveedores de papel y tintas, negociando acuerdos de suministro que garantizan la calidad y la consistencia de los materiales. Además, realiza reuniones periódicas para discutir mejoras en los procesos y resolver cualquier problema que pueda surgir, fortaleciendo así la relación y asegurando un suministro constante y de calidad.

Fuente: Porter, M. E. (1985). Competitive Advantage: Creating and Sustaining Superior Performance. Free Press.

9.7.4. Beneficios

- Colaboración efectiva: Fomenta la cooperación y el apoyo mutuo entre las partes interesadas.
- Mejora de la calidad: Una relación estrecha con proveedores y clientes facilita la identificación y solución de problemas de calidad.
- Sostenibilidad a largo plazo: Unas relaciones sólidas contribuyen a la estabilidad y el crecimiento continuo de la organización.

Referencias

1. **ISO 9001:2015.** *Quality Management Systems – Requirements.* International Organization for Standardization. Recuperado de ISO.org

2. **Deming, W. E.** (1986). *Out of the Crisis.* MIT Press.

3. **Juran, J. M., & Godfrey, A. B.** (1999). *Juran's Quality Handbook.* McGraw-Hill.

4. **Montgomery, D. C.** (2012). *Introduction to Statistical Quality Control.* Wiley.

5. **Deming, W. E.** (1986). *Out of the Crisis.* MIT Press.

6. **Kaplan, R. S., & Norton, D. P.** (1996). *The Balanced Scorecard: Translating Strategy into Action.* Harvard Business School Press.

7. **Hammer, M., & Champy, J.** (1993). *Reengineering the Corporation: A Manifesto for Business Revolution.* HarperBusiness.

8. **Porter, M. E.** (1985). *Competitive Advantage: Creating and Sustaining Superior Performance.* Free Press.

9. **American Society for Quality (ASQ).** (n.d.). *Supplier Selection and Management.* Recuperado de ASQ.org

Capítulo 10:

Gestión de Calidad Total (EFQM)

La **Gestión de Calidad Total (TQM)** es un enfoque integral que busca mejorar continuamente la calidad de los productos y servicios mediante la participación de todos los miembros de una organización. Uno de los modelos más reconocidos para implementar TQM es el **EFQM Excellence Model**, desarrollado por la **European Foundation for Quality Management (EFQM)**.

El **modelo EFQM** proporciona un marco integral para la gestión de calidad total, destacando la importancia de los agentes facilitadores y la medición de resultados para alcanzar la excelencia organizacional. En el sector de las artes gráficas, la implementación efectiva de este modelo no solo mejora la calidad de los productos y servicios, sino que también fortalece la posición competitiva de la empresa en el mercado. Además, los **Premios EFQM** representan un importante reconocimiento que valida los esfuerzos de la organización en la búsqueda continua de la excelencia.

10.1. Agentes facilitadores

10.1.1. Definición y propósito

Los **agentes facilitadores** en el modelo EFQM son aquellos elementos que facilitan y sustentan la implementación efectiva de las prácticas de gestión de calidad. Estos agentes son esenciales para crear un entorno propicio que permita a la organización alcanzar la excelencia en todos sus aspectos.

10.1.2. Componentes principales

Según el **EFQM Excellence Model 2020**, los agentes facilitadores incluyen:

1. **Liderazgo:**
   - Descripción: Implica la capacidad de la alta dirección para establecer una visión clara, motivar y guiar a la organización hacia sus objetivos de calidad.
   - Importancia: Un liderazgo efectivo asegura que todos los miembros de la organización estén alineados con la misión y los valores de la empresa.

2. **Estrategia:**
   - Descripción: Desarrollo y gestión de estrategias coherentes que respondan a las necesidades del mercado y de los clientes.
   - Importancia: Una estrategia bien definida proporciona una dirección clara y facilita la toma de decisiones alineadas con los objetivos de calidad.

3. **Personas:**

   • Descripción: Gestión y desarrollo del capital humano, fomentando un ambiente de trabajo que promueva la participación y el compromiso de los empleados.

   • Importancia: Empleados bien capacitados y motivados son fundamentales para la implementación exitosa de prácticas de calidad.

4. **Alianzas y recursos:**

   • Descripción: Gestión eficaz de los recursos y establecimiento de alianzas estratégicas con proveedores y socios.

   • Importancia: La disponibilidad y gestión adecuada de recursos garantizan la continuidad y eficiencia de los procesos de calidad.

5. **Procesos, productos y servicios:**

   • Descripción: Diseño, gestión y mejora continua de los procesos para asegurar que los productos y servicios cumplen con los estándares de calidad.

   • Importancia: Procesos bien definidos y optimizados son esenciales para la producción de productos de alta calidad.

10.1.3. Aplicación en las artes gráficas

En el sector de las artes gráficas, los agentes facilitadores del modelo EFQM pueden aplicarse de la siguiente manera:

• Liderazgo: El gerente de una imprenta de naipes establece una visión de excelencia en la calidad de los productos, comunicándola claramente a todo el equipo y fomentando una cultura de mejora continua.

- Estrategia: Desarrollo de una estrategia que incluya la adopción de tecnologías de impresión avanzadas para mejorar la precisión de la colorimetría y reducir tiempos de producción.
- Personas: Implementación de programas de formación continua para diseñadores y operadores de maquinaria, asegurando que estén actualizados con las mejores prácticas y tecnologías.
- Alianzas y Recursos: Establecimiento de relaciones sólidas con proveedores de materiales de alta calidad y negociación de acuerdos que aseguren suministros confiables y consistentes.
- Procesos, Productos y Servicios: Optimización de los procesos de preimpresión e impresión para minimizar errores y defectos, asegurando que cada lote de naipes cumpla con las especificaciones del cliente.

Fuente: EFQM. (2020). EFQM Excellence Model 2020. Recuperado de EFQM.org

10.1.4. Beneficios de los agentes facilitadores

- Mejora de la eficiencia: Procesos optimizados y liderazgo efectivo reducen tiempos de producción y costes.
- Aumento de la satisfacción del cliente: Productos de alta calidad y servicios personalizados aumentan la satisfacción y fidelidad del cliente.

- Desarrollo del capital humano: Empleados motivados y bien formados contribuyen al éxito organizacional.
- Innovación continua: Un entorno que fomenta la mejora y la innovación permite a la empresa adaptarse a cambios y mantenerse competitiva.

10.2. Resultados

10.2.1. Definición y propósito

Los **resultados** en el modelo EFQM se refieren a los logros que una organización alcanza al implementar efectivamente los agentes facilitadores y gestionar sus procesos. Estos resultados abarcan tanto aspectos internos como externos, reflejando el desempeño global de la organización en términos de calidad, eficiencia y satisfacción del cliente.

10.2.2. Componentes principales

El modelo EFQM clasifica los resultados en dos categorías principales:

1. **Resultados en personas:**
   - Descripción: Incluyen la satisfacción y el bienestar de los empleados, así como su desarrollo y compromiso.
   - Importancia: Empleados satisfechos y motivados son más productivos y comprometidos con los objetivos de la organización.

2. **Resultados en clientes:**
   - Descripción: Miden la satisfacción del cliente, la fidelidad y la percepción de la calidad de los productos y servicios.
   - Importancia: La satisfacción del cliente es crucial para la repetición de negocios y la reputación de la empresa.
3. **Resultados en la sociedad:**
   - Descripción: Consideran el impacto de la organización en la sociedad y el medio ambiente, incluyendo responsabilidad social y sostenibilidad.
   - Importancia: Contribuir positivamente a la sociedad mejora la imagen de la empresa y cumple con las expectativas éticas y legales.
4. **Resultados clave de rendimiento (KPIs):**
   - Descripción: Indicadores cuantitativos que miden el desempeño en áreas críticas como la eficiencia operativa, la rentabilidad y la innovación.
   - Importancia: Los KPIs proporcionan métricas claras para evaluar el progreso hacia los objetivos de calidad y negocio.

10.2.3. Aplicación en las artes gráficas

En una imprenta de naipes, los **resultados** pueden medirse de la siguiente manera:

- Resultados en personas: Evaluar la satisfacción del empleado a través de encuestas periódicas y medir la tasa de retención de personal.

- Resultados en clientes: Medir la satisfacción del cliente mediante encuestas post-entrega y el índice de repetición de pedidos.
- Resultados en la sociedad: Implementar prácticas sostenibles en el uso de materiales y medir el impacto ambiental de las operaciones.
- KPIs clave: Monitorear indicadores como el tiempo de entrega, la tasa de defectos por lote impreso y el margen de beneficio.

Fuente: EFQM. (2020). EFQM Excellence Model 2020. Recuperado de EFQM.org

10.2.4. Beneficios de medir los resultados

- Evaluación del desempeño: Permite a la organización evaluar su desempeño y tomar decisiones informadas para mejoras.
- Focalización de recursos: Ayuda a identificar áreas que requieren más atención y recursos para optimizar la calidad.
- Motivación y compromiso: Los empleados se sienten motivados al ver que sus esfuerzos contribuyen a resultados tangibles.
- Mejora continua: Los resultados proporcionan información valiosa para implementar estrategias de mejora continua.

10.3. Premios EFQM

10.3.1. Definición y propósito

Los **Premios EFQM** son reconocimientos otorgados a organizaciones que demuestran un alto nivel de excelencia en su gestión de calidad. Estos premios están diseñados para incentivar y reconocer a las empresas que implementan de manera efectiva el modelo EFQM, promoviendo las mejores prácticas y la mejora continua.

10.3.2. Tipos de premios EFQM

1. **Premio de excelencia EFQM:**
   - Descripción: Reconoce a las organizaciones que han demostrado un alto nivel de excelencia en la aplicación del modelo EFQM.
   - Criterios: Evaluación basada en una auditoría rigurosa que analiza los agentes facilitadores y los resultados.
2. **Premio a la mejor práctica:**
   - Descripción: Reconoce iniciativas o proyectos específicos que han tenido un impacto significativo en la mejora de la calidad.
   - Criterios: Evaluación de la innovación, el impacto y la replicabilidad de la práctica.
3. **Premio a la excelencia sectorial:**
   - Descripción: Dirigido a organizaciones dentro de sectores específicos, como las artes gráficas, que han alcanzado niveles destacados de gestión de calidad.
   - Criterios: Adaptación y aplicación del modelo EFQM a las particularidades del sector.

10.3.3. Aplicación en las artes gráficas

En el sector de las artes gráficas, recibir un **Premio de Excelencia EFQM** significa:

- Reconocimiento de excelencia: Validar los esfuerzos de la empresa en la implementación de prácticas de gestión de calidad.
- Visibilidad y credibilidad: Aumentar la reputación de la empresa en el mercado, atrayendo a nuevos clientes y socios.
- Motivación interna: Fomentar un ambiente de trabajo motivado y comprometido, incentivando la continuidad de las prácticas de mejora.
- Benchmarking: Proporcionar un estándar de excelencia que otras empresas del sector pueden aspirar a alcanzar.

10.3.4. Beneficios de los premios EFQM

- Validación externa: Reconocimiento por parte de una entidad internacionalmente reconocida de la excelencia en la gestión de calidad.
- Ventaja competitiva: Diferencia a la empresa de sus competidores al demostrar un compromiso comprobado con la calidad.
- Mejora de la moral y el compromiso: Los premios sirven como un incentivo para mantener y mejorar los estándares de calidad.
- Oportunidades de networking: Facilita el contacto con otras organizaciones de excelencia, promoviendo el intercambio de mejores prácticas.

Fuente: EFQM. (2023). EFQM Awards.
Recuperado de EFQM.org

Referencias

1. **EFQM.** (2020). *EFQM Excellence Model 2020*. Recuperado de EFQM.org

2. **EFQM.** (2023). *EFQM Awards*. Recuperado de EFQM.org

3. **ISO 9001:2015.** *Quality Management Systems – Requirements*. International Organization for Standardization. Recuperado de ISO.org

4. **Deming, W. E.** (1986). *Out of the Crisis*. MIT Press.

5. **Juran, J. M., & Godfrey, A. B.** (1999). *Juran's Quality Handbook*. McGraw-Hill.

6. **Montgomery, D. C.** (2012). *Introduction to Statistical Quality Control*. Wiley.

7. **Kaplan, R. S., & Norton, D. P.** (1996). *The Balanced Scorecard: Translating Strategy into Action*. Harvard Business School Press.

8. **Hammer, M., & Champy, J.** (1993). *Reengineering the Corporation: A Manifesto for Business Revolution*. HarperBusiness.

9. **Porter, M. E.** (1985). *Competitive Advantage: Creating and Sustaining Superior Performance*. Free Press.

10. **Costanza, M., Patroni, A., & Tagliavini, G.** (2015). *The Cost of Quality: A Literature Review*. European Journal of Operational Research, 245(2), 471-483.

11. **American Society for Quality (ASQ).** (n.d.). *Supplier Selection and Management*. Recuperado de ASQ.org